U0005394

# 趙堡太極拳勁

蕭治傳◎著

晨星出版

# 推薦序
## ——太極拳與忽靈勁

◎康原

約在二〇〇〇年本人應員林社區大學校長林雙不之邀，在員林開授「台灣文學」課程，認識許多來自各國中小學教師，張碧霞是員林國中教地理的退休老師，也參與這門課程，這門課開了八年，張碧霞參加了就沒有離開，隨後她也參與我在彰化文化局推動的村庄歷史寫作，寫了好幾本員林地區的常民生活史，在一起研究的時候，總是默默地做著毫無怨言，常常為了班級上的事情貢獻所能。

她也介紹學音樂的女兒賴如茵，為我系列《逗陣來唱囝仔歌 ‧ 動物篇》譜曲，我們交往更密切之後，知道她隨無上師學道，為愛地球而努力。前幾年才聽到她學太極拳，所學之拳為「趙堡太極拳忽雷架」，是跟隨蕭治傳老師學習拳術，這套屬於先天拳都傳有緣人，我不知道她的功力如何？只知道她怕師傅的這套拳法失傳，於是她開始將老師傳授的一切記錄下來，又參照以前老師所留下來的影片，去體驗發勁的技巧，她告訴我想把這套拳用文字、影像流傳下來，希望我能幫忙推薦出版社，於是我就推薦給晨星出版社的陳銘民先生。

筆者在弱冠之年於台東與一位黃澤生老師，學習鄭曼青（1902年－1975年）宗師拳法，鄭子三十七式楊式簡易太極拳。五十多年來沒有中斷，每日在動、靜之中尋找太極之道，透過各種拳架的練習學習精進，花費很多時間在站樁的基本練習，常聽說「練拳不練功，到老一場空」，在「渾元樁」中體會師尊所說「氣合形開、形合氣開」

之論點，到如今還在勤練之中，一點也不敢鬆懈。

記得約在二○○三年透過時任彰化高中曾勘仁校長，認識一位從美國來台推展「新吳式太極拳」的何南傑先生，與他談拳論藝後，我也把那本《新吳式太極拳書》推薦給晨星出版，在書前我寫了一篇〈從點悟拳的何南傑先生〉其中一段寫著：「……何老師認為要學太極拳，不能只學外型之拳式套路，必須注重身心合一的修養層次，才能透過拳架修練，達到天地人合、融入自然之境。」我們知道古今中外談到學拳，都強調修心養性的健身功能。

《蕭治傅老師趙堡太極拳忽雷架》新書要出版，碧霞要我為本書出版寫篇序文，我沒推辭：因為這本書是一群同師門的徒弟，為保存師尊太極拳的傳承而努力去整理，這種善舉值得讚揚。另外，這本書是我推薦給晨星出版社。若不是好書我就不敢推薦了，經過我仔細閱讀，許多太極拳不管哪一個派別，都有他們自己的特色，要學習的人好好去體驗，如人飲水冷暖自知。

趙堡太極拳「忽雷架」是本書特別強調的一種「勁」，在太極拳基本動作中去練習，聽勁是在了解對手的出勁力道，如果發勁沒有力道，就是一種花拳繡腿，無法發揮拳的效力。

本書在第三篇從「太極勁」的練法談起，從聽勁、化勁、蓄勁到發勁，都有詳細的說明，進而導入第四篇趙堡太極拳忽雷架的用法，圖文並茂、動作清楚，可讓後輩依圖示來學習模仿，是學趙堡太極拳必備的好教材。是為序。

# 目 錄

## 第二篇　「太極勁」的練法　51



## 第三篇　「太極勁」的用法　69



## 第四篇　趙堡太極拳忽雷架用法　81

# 趙堡太極拳在台傳人
# ——王晉讓老師

王晉讓先師(字遜甫)，民國前六年農曆十二月七日生。世居河南省沁陽縣王堡村，距趙堡鎮約二十里。

民國十四年開始學三年趙堡架—— 二十一歲時於河南師範學校唸書，因常受當地土匪侵擾，經長輩商議聘請陳應德到府教授太極拳。王師資質優異，記憶力特強，學拳認眞苦練，每日二十餘遍，三年如一日，並常得師叔謝功績親自指點，功夫深厚紮實，最值得回憶的是祖師楊書文從旁指點，他排山倒海之勢及地動天搖之威，經常流露在王老師閒話家常中。

民國三十九年，因戰亂隨政府遷台，才終止學拳，然而之前練拳奠下的功力，卻隨著王師的領悟而日益深入。王晉讓先師寓居高雄，退休後爲使此優秀拳藝綿續不絕，開始在幾坪大的客廳中授徒教拳。只教授三十二人。

民國八十五年七月十一日仙逝於高雄。

王晉讓先師八十大壽時與蕭治傅老師合影

王晉讓先師八十大壽
於中鋼時與學生合影

金剛搗碓

六封四閉

單 鞭

摟膝斜行

初收、再收

掩手肱捶

撇身捶

出 手

閃通背

金雞獨立

指襠捶

翻 花

翻 花

卸步跨虎

雙擺蓮

回頭看花

# 自　序

◎蕭治傳

我從三十歲開始隨恩師——王晉讓老師學趙堡太極拳忽雷架，四十多年來我樂在其中，也希望能傳承這套由王晉讓老師傳到臺灣來的拳術。

我在高雄眷村長大，早有耳聞王晉讓老師功夫很好，但沒有眞正見過，後來因爲姪子蕭啓財要跟王晉讓老師學拳，王晉讓老師爲求愼重，要求家長當面同意，啓財不敢跟父母說就來找我這個叔叔，代表他父母向王晉讓老師表示：希望能拜師學藝，但在王晉讓老師開始授拳後，蕭啓財接到軍校入學通知要北上讀書，不能再學了。我反倒興起想學太極拳，反過來由蕭啓財向王晉讓老師提出我也要學的意願。

小時候還在中國時我從樓上摔下來，左腳受傷，父親帶我去治療，說是：「陰風掃的。」就是現在所說的「小兒痲痺」。而右腳則是在民國八十年去大陸時，騎摩托車爲了閃避 一位婦女緊急煞車摔倒，被車壓到受傷。兩隻腳都傷在腳踝關節。

民國六十三年我開始想隨王晉讓老師學太極拳，就因左腳的毛病，王晉讓老師擔心我學不來，於是叫大師兄汪洋打一遍拳給我看，希望我能自己知難而退，但是我看了汪洋大師兄打了一趟拳後，感覺很喜歡堅持要學，王晉讓老師也沒辦法，就這樣開始走上學拳生涯。

當時與師兄弟練拳是一週一次聚會的形式，王遵皋、黃書堯、張劍秋、蕭啓財、鄭國輝等師兄弟常聚在一起練習，郭冬寶因在外地工作，回到高雄也會常來，每人一下場就是三趟拳，特別都是在晚上十點開始，週日就到王晉讓老師家練，另外自己每天共要打十五至二十趟拳，早上五、六點在高雄扶輪公園練拳，晚上也要打個十趟拳，也就是一趟暖身後再來每人三趟，每次各打三遍。

我因為左腳小兒麻痺及受傷過不能使力，剛練拳時右腳還有力量，都是靠右腳的樁，後來右腳又受傷了，所以只能靠「虛領勁」。

剛開始隨王晉讓老師練拳時，我大部分都只站在一旁聽師兄問王晉讓老師問題，傻傻的光聽師兄問的問題就讓我消化不了。我就多聽多練，練到可以發勁出來時，已不知是多少年後的事了。

有一天下雨，我走路到王晉讓老師家練拳，打拳給老師看時，因鞋底很滑，打「懶扎衣」時，腳一出去像車子太滑要緊急煞車一樣，自然將身子往下一沉，刷一下勁就出去了，王晉讓老師一看說：「『勁』就是這樣。」那是練幾年拳後第一次被老師說有勁的。

民國七十三年六月，中鋼太極拳社社長闕燈榮到王晉讓老師家，請王晉讓老師到中鋼教太極拳，王晉讓老師說他年紀大了，因此指派我去教拳，就這樣一路教下來，民國七十四年五月王晉讓老師八十歲生日時中鋼還安排給王晉讓老師錄影，拍攝老師打拳、發勁的動作。民國八十年我離開中鋼到大陸工作，民國八十四年六月底回台灣，再到中鋼繼續教拳，直到民國九十五年十二月退休離開為止，在中鋼共教了二十二年。

當年中船也有人到中鋼學太極拳，並找我到中船教拳，所以中船比中鋼晚了半年，先後也在高雄救國團、鳳山五甲的五虎廟、鳳山市婦幼館、鳳山市民大學、鳳西國中和五甲國中班、高雄市第一科技大學、高雄海洋大學、高雄大學，並受邀到南投縣的太極拳協會、台北中正紀念堂廣場、台中市的太極拳協會、台中縣的太極拳協會、彰化縣的太極拳協會等地授課，教拳經歷共三十二年。

郭冬寶邀集師兄弟在高雄成立「中華趙堡太極拳協會」時，我受邀擔任常務理事，和太極拳同好常常聚會話拳理，每次都談到欲罷不能。在談拳、練拳和教拳的過程中，常有同好提及出書介紹「趙堡太極拳」，本書也僅是發表我多年來練拳的心得，並就教於同好，也希望教學相長，讓「趙堡太極拳」能持續傳承發揚光大。

中華武當趙堡太極拳總會成立緣由，武當趙堡太極拳爲明末清初於河南溫縣趙堡鎮流傳之拳術。自蔣發首傳邢喜懷，而後至張彥傳於陳青萍、張應昌，雖傳七代，然不分姓氏，唯才是傳。但因習者多爲趙堡鎮人，因此較少爲外人所知。及至陳青萍時，爲使武當趙堡太極拳廣傳，遂設館公開授拳，廣收門徒，武當派趙堡太極拳方隨眾多著名弟子向外流傳。

秉持歷代武當趙堡太極拳傳人的精神——唯才是傳，傳藝坦蕩無私，先後於中鋼、中船、鳳山、台北、台中、南投、員林、嘉義開班授拳，期望能傳揚此優秀拳術，讓更多人身心受惠。

爲能回歸傳統，發揚武術道德，九十四年成立全國總會，藉此希望能有更多人與我們一起習練武當趙堡太極拳，繼而保有固有文化，發揚武術道德及弘揚堅忍、眞實、善良的精神！

# 融貫推廣，不遺餘力

◎郭冬寶

中華趙堡太極拳協會前理事長

民國六十四年三月十七日，由先父領我至同村鄉長，王公晉讓家中拜師學習趙堡太極拳（當時又稱陳氏小架），當時王師已七十歲高齡，第一次見面王師當場演練了全套拳架，那種神情與矯健靈活身手，讓我這二十五歲的年輕人當場驚訝和嘆服得說不出話來，得知同村蕭治傳已早我半年拜師學拳，從此結了師兄弟的緣份。

學習趙堡太極拳後，王師談起師承與拳史，得知趙堡太極拳是由王宗岳攜河南趙堡鎮的蔣發到山西傳授七年，學成後返回趙堡鎮，代代相傳，趙堡鎮第七代傳人陳青萍生徒眾多，領會不同，發展成代理架、忽雷架、領落架、托衩架、根頭棍架等十餘種，其中李景延爲陳青萍最得意的弟子，學成後成爲晚清時期鏢局的鏢師，走闖大江南北，由於功夫精純，從未失鏢過，在江湖上人稱（鐵胳膊李碓），晚年退休後在陳青萍所傳基礎上，將太極拳各內外練法精要融入一套拳法中，動則發勁，勁如雷閃，使之更爲靈敏精巧，縮短練功過程，傳人稱之爲忽雷架、忽靈架、圪顫架等拳名，李景延培養出李火焰、李火成、楊虎、張國棟，傳人中又以楊虎功夫最爲出眾，清末民初楊虎所傳弟子謝功績、王立賢、楊紹舜、陳應德等人在河南溫州一帶各縣設立教場，忽雷太極在溫州一帶極爲盛行，民國十四年王師晉讓拜陳應德爲師，每日苦練三十餘遍，三年如一日，從未間斷，民國十七年因北伐及當地土匪作亂，離開家鄉及老師，歷經抗日及國共戰爭，三十九年隨聯勤兵工廠遷居高雄。

王師教拳較爲傳統，每次一兩招演練兩次，學者反覆臨摩學習，實在無法成樣，老師再演練一兩次，糾正錯誤的動作，要求弟子們每日練二、三十遍，我和治傳師兄爲了練好這套拳，曾相約每天早上六點至七點半在獅甲國小練習十遍後各自上班，爾後又改爲晚間七點半在師兄家裡練習，每次各練九遍，由於有人相伴與督促，養成一次五遍不停的習慣。

治傳師兄自年輕就入聯勤兵工廠工作，因爲子女眾多，食指繁浩，負擔很重，多年利用空閒時間兼職，勤勞刻苦甘之如飴，從不怨天尤人，八十三年師兄弟洪湘彬先生與我聊天，得知他在廣東東莞投資製造體育用品工廠，急需高管人才協助生產管理，於是舉薦治傳師兄，在東莞擔任工廠廠長五年多，其間師兄與河南趙堡代理架掌門王海洲先生聯繫，並安插至工廠擔任保安工作，師兄弟兩人得益相互觀摩學習，治傳師兄習得代理架套路與太極刀劍，在代理架的套路中加入趙堡太極忽雷架的發勁技巧，成爲代理架的勁架，自成一格。

治傳師兄辭職返台後，爲發揚趙堡太極拳，成立武當趙堡太極拳協會，除習得多年的趙堡忽雷架外，還加入代理架及太極劍的傳授教學，全力推廣與發展會務，積極參與全國各項觀摩、表演、競賽等活動，培養許多教練在全省各縣市分別教學，如高雄、台中、彰化、南投、台北等地推廣有成，不數年就成立了全國性協會，對台灣民眾能普遍認知並習得趙堡太極拳有不可磨滅之功。

治傳師兄多年爲推廣趙堡太極拳，不辭勞頓往返各地教拳，參與各項表演活動，亦曾著手以著書立說方式讓更多人認知趙堡太極拳這一優秀而逐漸淹沒的拳種，將忽雷太極拳在台傳承與練拳心得、套路招勢運作等，以圖文並茂方式編撰成書，冀望讓更多人能了解，給學者入門引路，起到事半功倍的效果。在即將付印前，遺憾的是年來身體罹患重疾，無法親身參與最後部分拳照，爲完成此一著作，剩餘部分由學生們合力完成，以圓治傳師兄的長年心願。高雄武當趙堡協會謝旺龍理事長委託我爲之作序，本人才疏學淺，少視寡聞，但此一著作是趙堡太極拳忽雷架在台灣的第一部專書，身爲趙堡傳人，不揣淺陋，樂於勉力爲之作序。

# 樸實無華的太極拳奉行者
## ——一言一行，澤被桃李

◎蕭啓財

蕭治傳老師是我的親叔叔，我們先後追隨將趙堡太極拳忽雷架帶到台灣開枝散葉的恩師——王晉讓大師學拳。

蕭治傳老師三十歲開始跟隨王晉讓老師學拳，四十多年來，他不論生活多艱難困苦，都未曾動搖其對趙堡太極拳的心，因爲他深深了解此太極拳對人的養身、健身、強身和技擊等，都有獨特的助益功效，他本於對太極拳的愛好和癡迷，可以說自始至終都一如初衷。年輕時練拳每天幾十遍反覆苦練；傳承時，每週在台灣北中南巡迴授拳，不論何時，皆勤奮不懈，積極投身於太極拳世界。

太極拳易學難精，有所謂「太極十年不出門」的認知，所以沒有十年以上的苦練是無法稍微有所體悟的。且太極拳爲內家拳術，內勁的轉化從外部看不出來，故講授特別不易。清代王宗岳的《太極拳論》中所說：「由著熟而漸悟懂勁，由懂勁而階及神明。然非功力之久，不能豁然貫通焉！」單單其中這個「懂勁」，要讓學習者清楚及至體會，進而能在日常中運用，就有相當的難度。

坊間專談「太極拳勁」的著作極爲罕見，除敘述不易外，眞練到可以運用拳勁的師父其實也並不普遍。因此，蕭治傳老師口述的《趙堡太極拳勁》一書就顯得極爲特殊，全書直指「太極拳勁」，並以此爲經，又以自己親身體會的「太極拳勁」白話述說爲緯，並融入王晉讓大師所講授的心法和太極拳前輩的私房故事，再將練法、用法和應用分章節說明，毫不藏私，實爲罕見而精彩，其無私將長年練拳的體悟與大眾分享的精神，在現今的社會中實屬難得。

此書做爲有意習練趙堡太極拳者的參考，爲了配合書內拳架圖解及太極勁說明，曾多次演練拍攝，不辭辛勞，爲了使習練者更易於研讀及了解太極勁，期間經多次修整其演練內容，此一心爲趙堡太極拳的無私奉獻，正充分展現蕭治傳老師一貫傳承太極拳的心意，我心中至爲感佩，是以爲序。

# 自在傳承太極的陰陽與圓柔
## ——我的習武歷程

◎楊常利

在一九九五年因緣際會之下跟隨蕭治傳老師學習趙堡太極拳，看著老師講解並演示忽雷架特色如寒冬打顫，又如春雷乍響，迅猛爆發，引起我的好奇心驅使我進入太極拳的世界。

在老師諄諄教導帶領之下，經由基本功法的強化到內在心意的訓練，再再讓我瞭解到拳的陰陽變化就在自已的身上而不假外求。過程中，老師孜孜不倦的反覆告戒著：「用心聽取拳意，莫取空架式。」如同佛法有偈云：『人人有個靈山塔，好向靈山塔下修。』；蕭老師在每個訓練階段中用心講解循循善誘，讓隨侍在旁的我深刻體會到教學辛苦之處。曾問老師學拳難而教學更難，老師回答：「如農夫灑種子，施與照護只求耕耘不問收穫。（祖師爺說：如能教會一個就值了。）要推廣要傳承。」老師曾預言我會跟他一樣終身和體育褲為伍！

幾年學習中，常聽到鬆，鬆而沉，沉而透，鬆無止盡。老師常告誡尋求行拳軌跡，讓身體的變化成為自然，呈現陰陽的變化，才能轉換成鬆。鬆而沉能化接勁，鬆而透能發勁，化發同時應證陰中有陽，陽中有陰，符合陰陽學說陰陽同時運轉稱太極。

《易經地天泰》中提到『小往大來，則是天地交而萬物通也。』小謂陰，大謂陽，往來以內外之卦言，由內而之外曰往，自外而之內曰來。天地交合蘊育萬物，自然軌跡形成生生不息的能量；我們秉天地陰陽五行之氣而生身，身中即具此陰陽五行之氣，手腳曲中求直如四季節氣，脊柱腰胯之運轉帶動了筋骨膜的活絡，從而滋養五臟六腑身強體健開發身體的能量。

鬆柔圓轉進入旋轉彈抖的階段，須知內外合一，了解身體運作運動軌跡。如氣沈丹田需鬆腰落胯，胸腰摺疊，以脊爲中心，手腳身體運行左右與身體 X 型交叉神經運轉，形成陰陽交換。中樞神經驅使筋骨交互作用形成勁，全體的整合形成意的傳達。藉由无機前降後升達到所謂之取坎塡離、水火既濟、心腎相交、神合一、性命合一者此也，道即在斯矣。

# 續編者序

◎張碧霞

時間過得眞快，跟隨蕭治傅老師學拳雖已經很多年了，但總是學學停停很難持續，除了偷懶外最主要原因是「學難忘易」，每當蕭治傅老師轉場我也就跟著停轉，只要休息幾天腦海中就遍尋不著拳的蹤跡，這時如果沒有同學相互鼓勵督促，往往就把拳丟到九霄雲外了。

我曾經就這個問題請教蕭治傅老師，蕭治傅老師說：「這套拳屬先天拳、不是很有福報與緣份的人是學不來的，你不珍惜祂就收回，怎麼可以讓珍珠、鑽石隨便亂丟呢？」

即便已經知道這套拳的可貴也親自品嚐了，甚至親眼見證了同學們甩掉了一大圈贅肉，關節炎、氣喘好轉等，多少人學拳的動機都因自身的宿疾而來，尤其在學學停停中除了自身體力的轉變外，更看到了同學健康氣色的轉變，而面對這些偷懶的學生，蕭治傅老師總是很有自信的說：「有天他會再回來的」。

站在傳承的角度出書是必要的，可是編寫那怕只是將老師的話記錄下來，都讓我感到惶恐，因爲我擔心無法意會老師的意思甚至會錯意，因此一年拖過一年，但是又擔心等到自己認爲可以編寫恐怕遙遙無期，而時間又不等人的，所以就惶恐的接下這工作，何況老師仍在永無止境的追求領悟，並在拳套中提升，蕭老師說：「拳如果不是改爲更好那何須改呢？」境界的更迭就留給來者來更新補足吧！

就在答應老師整理這本書時，適逢二〇〇八年抗暖化百萬人連署活動，猛然發現暖化已經這麼嚴重；美國太空總署（NASA）氣候學家齊瓦利說：「情況正變得比電腦模式預期的還要糟。」如果不加以改善，預估二○一二年北極的冰山將完全融化，到時候將不只海平面上升淹沒城市，更恐怖的是海水溫度上升從海底、冰層釋放出來的毒氣（甲烷）。」這時我心想投入抗暖化宣導行列比編輯這本書重要，所以就暫時擱著連練拳也放棄了，轉眼又過了兩年，這時蕭治傅老師又說：「推廣這套拳也很重要，有了健康的身體就較能適應異常的氣候，讓人冬不怕冷夏耐熱。」

在大家共同努力下，二○一二年的大災難得以平安渡過，那年剛好在彰化舉辦全國武術大會，又再興起練拳寫書的重責大任，逐一將不足的照片再請老師示範，從不同的畫面就可以知道光拍示範的照片，已非易事。因此這本書的完成更顯得彌足珍貴。

時間過得眞快，一放下轉眼幾年又過了，現在老師已經無法親自授拳，只能找蕭治傅老師各地的徒弟學習拳架，再從這本書中研讀領悟，當王晉讓老師在教蕭治傅老師時，蕭老師坦承有的雖懂卻也做不到，當他不斷練習自覺應該就是王晉讓老師當年所說的，想求證時已沒有機會了。後來者只能靠王晉讓老師、蕭治傅老師的拳架影片，仔細研究他們發出的勁或者和各地的徒弟學習拳架，研讀這本書並領悟勤加練習是不可少的，衷心祝福有緣人。

在此特別感謝所有參與這本書的所有人，沒有你的點點滴滴累積，這本書將無法完成。

# 圓「無極」

宋代理學開山宗師周敦頤說：「自無極而太極。太極動而生陽，動極而靜；靜而生陰，靜極復動。一動一靜，互為其根。分陰分陽，兩儀立焉。陽變陰合，而生水、火、木、金、土。五氣順布，四時行焉。五行，一陰陽也；陰陽，一太極也。」

趙堡太極拳屬於「水」行（門）拳。蓋「水」是萬物之母，巧柔磅礴，即取其精義而成。趙堡太極拳的練法有別於其他的太極拳。最妙者由天道起，中抱六十四勢，每勢練夠十三式，就是一圓、兩儀、四象、八卦，末以天道終。也就是每練一式就練足十三式，這種富於個性的練法至今沒有多少人知道，知道的也未必能理解和運用。

趙堡太極拳是從古代流傳至今的「道功拳」，也是道家養生健身的功法，是太極拳未經後人修改過的「母拳」。它裡面結合陰陽、八卦、易經、醫學、力學，是一種吸收能量的方法。由於操演趙堡太極拳架所注重的趙堡十三式：圓、上、下、進、退、開、合、出、入、領、落、迎、抵。內含現代的太極十三勢，趙堡太極拳為全身立體的大周身運動，動作開展低伸，對心、肺、肝、脾、腎、胃、腸等臟腑是一種按摩。拳架中沒有硬拳、硬力，沒有違反人體構造的劇烈動作，也不會持續使用某部位，而造成運動傷害。趙堡太極拳的連續運動量能活化心肌細胞，使心室擴大，心脈搏量增加，及提高肺活量。增進冠狀動脈的循環，可以加速能量與養分進入細胞及骨骼，並加速排放毒素，對強身有極大幫助。趙堡太極拳被歸類為內家拳的一種，但它卻也包含外家拳的精髓，一般內家拳講究的是內練，但趙堡太極拳也包含外練的精髓，不但可內練精、氣、神，更可外練筋、骨、皮，聚足內外兼修的特色。

趙堡太極拳十三式獨樹一幟，也和別派不一樣。趙堡太極拳十三式是：圓、上、下、進、退、開、合、出、入、領、落、迎、抵。其中所包一圓、兩儀、四象、八卦，各有祕訣，一絲不亂。太極圖中十三勢俱現，含所有的祕法。而現在流行的太極十三式是：掤、捋、擠、按、採、挒、肘、靠、進、退、顧、盼、定。兩者內容不一樣，作用不一樣。但趙堡太極拳不只注重現在一般所說的太極十三式，也將現所說的太極十三式融入在趙堡十三式裡面，趙堡太極拳的每一招都在趙堡十三式的基礎下表現出來，每一招也都可以表現出現代太極十三式，每一招都有掤、捋、擠、按、採、挒、肘、靠、進、退、顧、盼、定。不管是手、腳或是身法，都內含太極十三式。我在練習時，蕭治傅老師單單只用一招雲手就使出用太極十三式與我過招，蕭老師除了示範用掤、捋、擠、按、採、挒、肘、靠的手法，還示範手法上不同的變化，如用手指插、拳捶，外加刮耳光，還加上身法和腳法等等攻擊 ( 連頭也可以加入 )，眞可謂變化莫測，身體無一不是武器，如水般千變萬化的境界。

人身如天地渾圓，人身無處不是渾圓。天地有三直是上、中、下；人身三直是頭直、身直、腿直。天地四順是寒、溫、暑、涼；人身四順是手順、身順、腿順、腳順。天地有六合是上、下、東、西、南、北；人身六合是手與腳合、肘與膝合、膀與胯合、筋與骨合、氣與力合、心與意合。天地有四大節是春、夏、秋、冬；人身四大節是兩膀及兩胯。天地有八小節是四立（立春、立夏、立秋、立冬）；人身也有八小節是兩肘、兩膝、兩手、兩腳。

仔細研究現在趙堡所打的套路，與每一位前輩所打的拳架，其實拳架雖有不同，但卻都爲同一本質，如蕭治傳老師所說的：「武術沒有眞正最強的武學，只有不斷的苦練。」

# 趙堡太極拳源流與在台灣的傳承

太極拳傳入台灣後已經逐漸走入健身、養氣的模式，其中最精粹的太極內家拳勁幾近失傳，從大型的太極拳推手比賽，不見發內勁的展現，只見肢體推拉就可見到端倪。以及從太極拳公開表演時，單見拳架之美，不見太極內勁功力，更是令人慨歎！

中國傳統武術一向分內家與外家，由於工商社會講求時效，而內家拳拳術在短時間內難見成效，又難練難成。再加上練習方法逐漸失傳，內家拳的式微可想而知，就連位居內家拳之首，出過多位武術大將，有豐富實戰經驗的太極拳，也從具有極大威力的拳術，逐漸失去武術上的原貌。

因爲具有實戰的太極拳技，一般人要有好方法加上苦練好多年才有小成，十年才足以展現太極拳威力，而在所謂的學成之前，太極拳在實戰上的助益不大，這和以實用性、時效性見長的外家拳相比，又與一日千里的槍械相較，練武防身也一樣式微，因此太極拳的傳承著實令人擔憂。

趙堡太極拳因發源於中國河南省溫縣趙堡鎮而得名。趙堡太極拳有忽雷架、代理架、新架等數種拳架，其中以招招都能發勁的忽雷架最具特色。是屬實戰的、武術的太極拳種。王晉讓老師曾說明：「所謂陳家拳、王堡杆，而陳家拳分村裡架和街裡架，村裡架就是陳家溝傳出來的陳家拳，街裡架就是趙堡鎮土話叫趙步街（譯音）的趙堡太極拳，也就是所謂的陳家小架。因陳青萍、陳應德都姓陳的關係。」

趙堡太極拳招招發勁仍是現代傳承的重點，從外形來看，趙堡太極拳忽雷架發勁的時候，身形像彈簧又如顫慄，河南當地的口音形容該拳發勁的樣子，像「忽隆」一下，人「顫抖」一下，就稱「圪顫架」或「忽靈架」，目前在台灣稱爲「忽雷架」，而這「忽隆」一下，發出的勁道就如「雷擊電閃」，一閃即過剛勁精巧。不論起落開合都能發勁且隨發隨到。

王晉讓老師就是將趙堡太極拳忽雷架從中國傳到台灣的第一人，於民國五十三年受學生王遵皋和汪洋之邀，在高雄開始授課，當年他五十九歲。

王晉讓老師本身是在民國十四年八月於中國「徐家堡」學拳的，「徐家堡」與「趙堡」相隔僅二十里，離「陳家溝」也僅二十五里，是由陳應德老師來家中教拳的，依王晉讓老師自述他學拳僅三年，陳應德老師是每個月來一次，每次約一週。如此三年就學會一套拳。

王晉讓老師說：「他當年每天正常練習量，約是早、午、晚最少共三十趟，不包含和師兄弟一起練拳，王晉讓老師自認這在師兄弟中算少的。有位跟著陳應德老師到處教拳的師弟，開始功夫比不上我，但後來進步神速。」

王晉讓老師自己眞正練趙堡太極拳的時間雖然只有三年，而且謙虛的說功夫沒眞正練得很好，但在講究練武資質的武術界，王晉讓老師的天賦資質優異、記憶力超強，加上得到名師指點，且曾眼見當世高手親身表演和傳授，在耳濡目染下就超越一般人的功力。

據王晉讓老師說：「他學的這套趙堡太極拳忽雷架是陳青萍所傳，之所以稱之爲趙堡架，乃因陳青萍出生於趙堡鎭。陳青萍傳給李景延，李景延傳給楊書文（虎），楊書文（虎）再傳給陳應德、謝功績、王立賢、王立喜等人。陳應德就是我的親授恩師。」

王晉讓老師說：「楊師祖曾住過我家，有一次我到楊師祖房內見他睡著了，就順手拿起被子要幫他蓋上，結果卻蓋了個空，楊師祖已到了我身後問我『你要幹什麼？』王晉讓老師說：『只是要蓋被而已。』楊虎師祖說：『以後要做什麼要先出聲。』」

王晉讓老師三年功夫已經練到將蓆子從地面立捲到腰部，膝蓋不用彎便可以直著腿一提氣，就從綁到腰部高的蓆子裡躍出來。王晉讓老師說：「這只是說明太極拳虛領勁的運用。其中也有輕身的功夫。」

民國十七年下半年因國共內戰，王晉讓老師的家鄉亂了序，紅槍會遍地都是，情勢惡劣，不得已中斷學拳，民國二十二年到了鞏縣在兵工廠謀職。偶而還打打拳活動筋骨，但到了工廠遇到了當時四十幾歲的楊家太極拳師厲毓海先生，看到他打拳斯文又來自北平，認爲出自京都自然高明，對自己練的拳認爲是鄉下把武，難登高雅之堂，產生了自卑感從此就沒再練拳。

後來隨政府來台，民國五〇年代政府推動提倡太極拳，王晉讓老師當時住在高雄的眷村，平時深居簡出因而許多鄰居並不知道他是練家子，有一身的內家太極拳功夫。

王晉讓老師會開始教拳，是因爲有一次和已經學過太極拳的王遵皋先生推手，王遵皋一推就知道王晉讓老師是高手，就找了同好汪洋想請王晉讓老師教，王晉讓老師經王遵皋和汪洋兩人多次敦請終於答應，王晉讓老師有驚人的記憶力，十天就重拾整套拳架。把三十年沒有再練的拳架整理就緒，就開始了他「來者不拒，去者不留」的教拳生涯。當年他已經五十九歲了，由於年輕的根基底子紮實，太極功夫已經上身，功力在教學相長中重拾並增進。

王晉讓老師還沒有教拳時，人看起來蒼老又有些彎腰駝背，但在重拾拳架教學後，整個人變得有精神，這也證明了趙堡太極拳對身心健康的功效。

王晉讓老師教拳不收費也不聲張，有別於現代拳師大作廣告宣傳自抬身價，因爲老師只傳授拳技，並不以此維生，他靠著在聯勤兵工廠的工作，以及退休的終身俸維持穩定的生活。

王晉讓老師在台教拳不但閉門傳授，也告誡弟子在外不可任意張揚。王晉讓老師的武術家個性非常保守，他只在眷村家裡的客廳教拳，也沒有所謂的武場，眷村的房子本來就小，只有一廳一房一廚和衛浴。約八、九坪大，客廳約三坪大，這裡就是趙堡太極拳在台傳承的第一個武場，這個不到三坪大的客廳。每打一次拳就要先把客廳內的桌椅移開，最早時期還關起門窗呢，後來人多了才打開窗戶和門，最多也只能容納七、八個人，客廳太擠時有的人都要站到門窗外去，客廳能打拳的地方約莫十人圍坐的圓桌面積而已，每次只能一人打拳，其他人貼壁站著看，而王晉讓老師則是打開客廳與臥室間的木門，坐在臥室裡教拳。

打拳的人是開始一個「太極起式」，第二招「金剛搗碓」一個上步就碰到電視機，所以在那個狹窄空間練拳，就要學會騰移挪步，一次一人打，其他人站到牆角看，輪流打給老師指點，爲了證實在這麼小的空間也能打拳，蕭啓財有一次在對外的表演中，以當時客廳武場的大小，做了一個六尺正方的檯子，當眾發勁打了一趟拳以證實所言不虛，同時也展現趙堡太極拳在極小空間也能練拳的特點。

雖然王晉讓老師從不自誇，但在老師晚年由弟子口中所說出的功夫仍是神乎其技。到了七、八十歲仍是一身太極勁，王晉讓老師的弟子洪湘彬曾撰文形容老師打拳的情景。他形容老師的拳是「轉換迅如雷卻俐落如刀切，起落如魚躍而沉穩如泰山，出手似流星而蓄勁如藏珠，身手所到有如大軍壓境，目光炯炯更如鷹隼獵兔，令人生畏。」

王晉讓老師教拳的過程中也有人慕名而來討教，有位武癡學過許多功夫也找上門，那時師母因跌斷腿住院，王晉讓老師在醫院中照顧，武癡還找到醫院病房，執意要比試比試。王晉讓老師當年約八十五、六歲，雖覺不妥但拗不過武癡，二人就在醫院單人病房中較量上了，武癡的手一搭上老師的胸前，老師立即發勁，武癡就倒撞病房的牆上，武癡不信要求再試。一連三次老師都用同一招，武癡躲不過只好拜服離去。王晉讓老師對登門挑戰者能避即避，避不了也不會為難人家。

趙堡太極拳忽雷架講究內勁，也就是太極勁。太極拳家相信太極勁就是太極拳的精髓，王晉讓老師的弟子都認為老師的太極勁很妙，蕭治傳以太極拳術語說：「在老師的身上吃不上勁，而老師發人時，讓人覺得非常輕巧。」另一位弟子蕭啓財說：「他有一次到王晉讓老師家，老師正坐著看電視，並不知道他已進門，蕭啓財一伸手輕拍老師，手一觸肩就被老師身上的內勁彈開。」蕭啓財認為老師的功夫已經練上身，老師在跟他推手時，把他發出去，他覺得老師根本沒用力。老師也曾對蕭啓財說：「我是一個七、八十歲的老人，根本沒有四兩力，發的力量都是你自己的。」王晉讓老師能把太極拳的借力使力技巧，詮釋的自然又瀟灑。

一般而言，徒弟都會說自己的師父武功多麼高強，這在武術界是常見的，弟子對師父的誇讚常讓人質疑。不過王晉讓老師曾由弟子以攝影機記錄過幾個發勁的動作，這些動作平常看不覺得有什麼特殊，只覺得渾身「抖」一下而已，但是老師一位在高雄師範大學讀書的徒弟，把影帶翻製成光碟，並把光碟放慢速度來看，發現發勁時的老師，渾身上下活像個布丁。想像整個布丁在晃動的樣子，勁道在老師身上發出去。就像海浪一樣層層疊疊送出去，也就是勁道在他身上發出，就像一個軟又有彈性的布丁一樣，有韻律又有秩序的晃動。這顯示王晉讓老師發的勁是渾身一體的，不是只有手、腳或身體搖來搖去而已，完全符合太極拳經、拳論的意旨。

趙堡太極拳忽雷架的拳架只有一套，依王晉讓老師在民國六十三年四月十五日校定的共有七十六式，也就是王晉讓老師的弟子，一練就練了二、三十年，早已經滾瓜爛熟的還有什麼好練的？但趙堡太極拳忽雷架是越打越往裡鑽，越有不同的體會，打了二、三十年還是可以有不同程度的體會，興味就在其中，功夫也在裡面。

王晉讓老師九十一歲時，在弟子的安排下，到高雄市勞工公園拍練拳照片以留作紀念。拍完後特地把年僅十一歲的徒孫鄭君豪叫到跟前說：「打拳要打在丹田上，剛開始打的時候他會不聽話，但打久了以後他就聽話了。」老先生當時還當場比劃，強調練趙堡太極拳忽雷架時要拳打在丹田的重要。

對趙堡太極拳忽雷架的傳承來說，打拳只打在四肢是不夠的，沒有朝太極勁的培養方向練習，等於在做柔軟體操而已，實在可惜。只要方法正確加上勤練，每一個人都可以練出太極勁，而練出太極勁的人體會不同，功力自然也有差別。同是王晉讓老師所教出來的弟子，也各有不同的表現，他們的再傳弟子所表現出來的趙堡太極拳忽雷架外形上差異就更大了，不過道理卻相通。

王晉讓老師教拳不收費，在台灣三十二年的教拳生涯眞巧也收了三十二位弟子，而弟子中有再傳趙堡太極拳忽雷架的有蕭治傳、蕭啓財、郭冬寶、馬廷基、陳逸民、劉全科、鄭國輝等。以規模來說趙堡太極拳在台灣的傳承是非常有限的，王晉讓老師所教學生不問背景所學，更無門戶之見，有弟子藝成不返並有意在外自成一家，也順其自然。只不過未列入門牆；並嚴厲告誡弟子不得登門找麻煩。

王晉讓老師教拳不以金錢論教，只要肯學就傾囊相授，弟子也以「一日爲師終身爲父」的態度來服伺老師，除節慶生日外；還會特別包紅包給老師外，每星期固定去看老師陪著聊聊天，尤其在暮年沒在親自教拳時，仍維持這習慣到老師家有事弟子服其勞，關心老師的生活起居讓老師安養晚年。

武術的傳承是一代傳一代，王晉讓老師傳給三十二位弟子，弟子們則在民國八十四年八月十三日；在高雄圓山大飯店正式成立『中華趙堡太極拳研究協會』，並向內政部登記在案，除表明趙堡太極拳傳承外，同時也取得政府認可的合法地位。「中華趙堡太極拳研究協會」成立大會時，已年滿九十歲的王晉讓老師親臨出席，對弟子能將趙堡太極拳組織化的傳承表示欣慰。

王晉讓老師九十大壽時，弟子還特別設宴擺酒祝壽，老師當天顯得特別開心，頻頻舉杯向大家敬酒。並豪氣干雲的對弟子及徒孫說：「我是老了腿不行了，但是坐著還是可以讓大家試試太極勁。」

民國八十五年七月十一日王晉讓老師以九十二歲高齡無疾而終，弟子們爲老師辦好後事，一如生前對老師的敬仰，他送走完人生最後一程，並持續照顧老年喪偶的師母，老師的弟子也分別在台灣各地開班授課傳授趙堡太極拳。

王晉讓老師生前以「想要長命富貴天作主由不得我，要想做個正人君子我作主由不得天」自勉，弟子們也認爲這是王晉讓老師生前生平待人的最佳寫照。

# 導讀

## 「太極勁」最基本的稱呼叫「纏絲勁」

太極拳的靈魂是：「發自自身體內自發性或因對手引動而起的『太極勁』。」太極拳有不同的門派，而「太極勁」在太極拳各家中也有不同的稱謂，但最基本的稱呼叫「纏絲勁」，這是因爲太極拳的拳架動作在大圓圈、小圓圈纏繞中，纏出絲絲入扣的勁道而得名。

本書所稱的「忽靈勁」，是學趙堡太極拳架所練出來勁的效果，練趙堡太極拳仍以纏絲爲基礎，但在使用上和「纏絲勁」有些許不同，「忽靈勁」是忽然靈起快速而敏感的「勁」。

「太極勁」是身體裡面的功夫，再加上學習時就算是口傳心授都還有許多想像空間，一般人稱內勁的所謂勁，能發勁的拳師，很容易就可以表現出來什麼是勁，也能讓受者有所體會。

## 太極拳招式中的基本動作

太極拳招式中的基本動作有掤、捋、擠、按、採、挒、肘、靠、進、退、顧、盼、定等十三種招式，而趙堡太極拳中的一招「金剛搗碓」，就可以把這十三式包含其中。起、落、開、合是配合呼吸；沾、黏、連、隨是打手聽勁。太極拳勁的名稱，是依姿勢用法來分的，如掤勁、擠勁、按勁、採勁、挒勁、肘勁、靠勁。

這些基本動作，有的是太極拳最基本的動作或身法，不了解就不太容易進入太極拳的世界；有的則是攻守的動作，並和「勁」有關。也就是說，使用這些攻守動作（拳招）時，要發揮它的威力就要帶勁，如果不帶「勁」，動作中沒有「勁」，這些太極拳的招式（拳招）就無法發揮它應有的效力。這些有「勁」的動作，如掤勁、擠勁、按勁、採勁、挒勁、肘勁、靠勁等，都有特別的意義。但太極拳每一招一式都有千萬種的變化及運用方式，不可因為分開的說明而把每一招式看死了，或看固定了，否則反而事與願違。

## 掤、捋、擠、按

掤、捋、擠、按四個動作是一體的，很難明確的說到哪一個點是哪一個動作。有如持拍打桌球，對方球打過來，球拍一引、接、轉、攻，瞬間把球打出去，攻守都在這連續動作裡面。掤、捋、擠、按四個動作是一掤就捋，一捋，擠、按就跟隨著發出去，掤、捋、擠、按整個是繞一個圈，也可以說是一個來去，掤就是進口，捋、擠是轉彎的地方，按就是出口。

進一步說，當和對手一搭上手即是掤，順著對手的力道方向引進就是捋，對手攻擊的力道被引進後轉回去叫擠，擠回到對手身上發勁攻擊叫按。也就是自己受力的那一點先掤，瞬間再捋、擠、按出去，有如輪帶機快速轉動時，打中輪帶的東西會馬上被反彈回去一樣，掤、捋、擠、按的動作也不一定只動用手，全身都可以用，有如蒼蠅叮在牛屁股上，牛屁股上的肌肉一個抖擻就把蒼蠅抖開，這一個抖擻就是一個圈，也是一個掤、捋、擠、按。

太極拳的任何一招一式的掤、捋、擠、按，都是要把對方攻擊來的力量改變方向，再送回對方身上。

## 掤

就像外家拳的「架」，就是在你打到我之前，我先把你架住，但又不像外家拳眞的架住。在太極拳中不論用什麼地方去架住，架住的那個地方那個動作都是「掤」，如拳打在身上，就直接用身體上的那一點把它「掤」住，在太極拳裡「掤」像是捧，有如船在大海中是海水捧著它，船雖給海水壓力，但是卻隨著海水力量上下起伏。水不會硬碰硬的完全把船阻隔在海平面上，它會讓船身的一部分進入海面下，然後捧住它。我們就以海水和船的互動來看「掤」，船就像對方來的力量，海水的捧就像太極拳的「掤」，有力量來時就先將它引進捧著，換句話說：「人家直來，我們不是直接將它格開的直往，而是順勢「掤」住，讓來的力量無法傷害到自己。」這就是水（柔）的精神最能代表太極拳，所以太極拳又稱「水門拳」。

## 捋

順著人家力道走就是「捋」，不論是帶著由上往下、由下往上、由左而右、由右而左，畫弧形、繞著圈走都是「捋」。也就是拳經上說的「引進落空」，這個時候是蓄勁的狀態。

## 擠

當「掤」或「捋」後，就已經做好改變對方的攻擊力量的方向準備，「擠」就是準備要攻擊對方了。這時要進入對方的重心，占據攻擊發起線，這就叫做「擠」。但「擠」是佔據對手的重心，而不是無意義的隨便靠近對方，重點在於佔據對手的重心，讓對手沒有轉緩的餘地，如果是無意義的隨便靠近對方，很容易被對手打倒，所以「擠」

就是把對手的力量掤、捋引回改變對方的重心。

## 「按」轉緩

「按」就是發勁，沒有轉緩沒有讓的餘地，順著對方的退勢就「按」出去，往外發出去勁都是「按」，有距離的發勁是出擊，沒有距離貼在人家身上發出去的勁就是「按」，這就是一種攻擊。

## 採、挒、肘、靠

採、挒、肘、靠是太極拳的手法，遠用手、用腳，近用肘、用膝，貼近用靠，靠是用身體的一部分貼在人家身上，有肩靠、胸靠、背靠等等。腿黏在一起崩彈也是用「靠」。採、挒、肘、靠這些手法在對敵時都要合勁使用。

### 採

是擒拿法，擒拿住對手肢體後，一個勁可以截斷對手被擒住的肢體，也就是分筋挫骨，像摘花一樣折斷花莖。

### 挒

也是擒拿法，但反方向要把對方摔出去。

### 採、挒

是破壞對方的關節組織。

## 肘、靠

則是如拿器械撞擊對手一樣，採、挒、肘、靠是掤、捋、擠、按當中的攻擊力量，靠是貼在對手身體打擊人家，對手用拳頭打在自己胸膛，在胸膛受力點即化即發，把攻擊力量發回對手身上，就是靠的一種。採勁、挒勁、靠勁的勁就像拳擊一樣，拳要擊才有用，在攻擊時採、挒、肘、靠都要帶勁，否則只是練習動作而已。

## 採

在捋的過程中加上擒拿手叫「採」，一捋再加上一個旋轉把對手的力量纏進來就稱爲「採」，「採」是一個纏絲，就是擒拿手。

## 挒

「採」、「挒」是連在一起的，「挒」就是用身體的配合把對手的力量往外纏出去，「採」、「挒」和「掤」、「捋」一樣，都是倆個倆個配合的，「挒」也是發勁的動作，「挒」是陰暗的勁，是壓制對方的意思。「採」是以擒拿手把對方採住，「挒」則是把對方壓住。

## 肘

是穿心肘，是指用手肘的關節搗心窩的手法。

## 靠

以身體某部位靠近對手攻擊，用肩則叫肩靠，用手臂則叫臂靠，還有背靠、胸靠和腿靠。

## 起、落、開、合

「起」、「落」、「開」、「合」的「起」是身體向上，「落」是身體往下，「開」則是四肢關節張開，「合」就是身體四肢合起。「起」、「開」就是「掤」、「捋」，「落」、「合」就是「擠」、「按」，配合引對手的勁落空爲基礎。「起」、「落」、「開」、「合」實際上在運用的時候，你必須在不同的角度引動對手的力量。

## 沾、黏、連、隨

「沾」、「黏」、「連」、「隨」就是不和對手脫離的方式，我接住對手的攻擊到我發勁出去之前，跟著對方的來勢走就叫做「沾」、「黏」、「連」、「隨」，比如特技團表演頭頂竿子的特技，竿子上面還倒立一個人，在下面頂住竿子的人，爲了不讓竿子倒下去，人必須跟著竿子的勢走，隨過去就黏上，竿子不一定聽人的，人依竿子及竿子上的人的重量去頂住它，不讓它倒就是黏，人聽竿子的勢而遊走就是「連」、「隨」。

在古代的拳譜中，有部分是針對太極拳的基本動作做說明，茲將節錄作爲比對參考。「掤、捋、擠、按須認眞，採、挒、肘、靠就屈伸。進、退、顧、盼與中定，粘連依隨虛實分。」（《十三走勢打手歌法》）

「沾者，提上拔高之謂也；黏者，留戀繾綣之謂也；連者，捨己無離之謂也；隨者，彼走此應之謂也。」（「沾」、「黏」、「連」、「隨」）「掤進擠退自然理，陰陽水火相既濟；先知四手得來眞，

採、挒、肘、靠方可許。」（太極進退不已功）

「掤手兩臂要圓撐，動靜虛實任意攻；搭手捋開擠掌使，敵欲還著勢難逞；按手用著似傾倒，二把採住不放鬆；來勢兇猛挒手用，肘靠隨時任意行。」（《十三字行功訣》）

「掤在兩臂，捋在掌中，擠在手背，按在腰攻，採在十指，挒在兩肱，肘在屈使，靠在肩胸。」（《十八在訣》）

「掤要撐、捋要輕、擠要橫、按要攻、採要實、挒要驚、肘要衝、靠要崩。」（《八要》）

# 第一篇

# 了解勁與太極勁

## 人天生就有「勁」

「內勁」是一種力加上旋轉速度所產生出來的穿透力量，「勁」和「力」一樣，都是人天生即有。拳頭一握緊，「力」就出現；搬重物時雙手一使「力」，力量就出來。「力」是藉外形也就是身體四肢，在局部或全身展現出來，用「力」是一種天生的本能。但「勁」是什麼呢？所謂「勁」就是人體內一種能量快速流動的結果，有人說它就是人體力量的另一種展現方式，也就是「力」和「氣功」之外的另一種能量的表現方式。

「勁」是人天生就有，如果不是天生就有，人也無法無中生有。但「勁」不像握拳用力，也不是單靠吸進的空氣，是整個身體內外運轉所發出來的一種能量，這種藉由全身運轉所發出來的能量，我們就稱爲「勁」。以人來說，打噴嚏、咳嗽、打嗝、渾身起雞皮圪瘩的那種感覺，就是「勁」的作用，這種「勁」不會傷人，反而是保護人的。如突然被燙到手指時，手會在一瞬間收回，這是靠「勁」的運動回抽。天氣極冷時，一個穿著單薄的人冷得發抖，那種發抖顫動的樣子，是從體內自然生成，自動發出來的，綿綿不絕往外發，這就是一種「勁」。一個不冷的人，很難去發出冷得發抖的那種顫抖「勁」。

換句話說，打噴嚏是用「勁」打出來的，據科學家研究，噴嚏的速度可高達時速一百六十公里，比棒球投手投出的快速球還快，而高速運行的「勁」，如果運用在攻擊上，將會產生極大的殺傷力。

貓的身上也有這樣的顫動，用手去摸貓的身體，你會感覺到貓的體內綿綿不絕傳出頻率很快的顫動，這種顫動就是「勁」的表現。這種顫動不會傷人，以顫動的模樣來命名可稱之爲「彈抖勁」，貓透過這樣的顫動可以預知摸牠的人是否會對牠不利，所以可以又稱爲「自動防禦系統」。

貓被驚嚇到時，身體會突然躍起，主要是用從腰部發出的「勁」主宰提起自己的身體，動物都有這樣的本能，你如果用手指抓住蚱蜢雙腿大關節的部位，你會發覺牠的身體還在彈抖，這不是蚱蜢靠雙腿的彈力在彈抖，因蚱蜢的雙腿已經被你抓住了，他是用內「勁」在彈抖，想藉此躍出，這彈的感覺就是「內勁」。

在「勁」的表現上，各種運動都很常見，如打籃球跳起來凌空轉身射球是「腰勁」的表現。也是一種「丹田勁」。打網球、羽球、飛身救球，橫飛出去半空中在線上一擰身，球拍一揮，就將球救回，這就是「勁」。人不自覺的打瞌睡，身體一倒一驚馬上彈起，這也是一種「彈抖勁」。

人平常只會用腿去跳，除非突然被嚇到了，才會突然一躍跳過超乎自己想像的距離，或一下子提起平常自己提不動的重物，每一個人身體裡面本來就都有「勁」，只是一般人在使「勁」上不能和用「力」一樣，一握拳就有，而是要在緊急或急需時，「勁」自然就從體內跑出來保護身體。

「勁」對人來說雖是天生就有，但是沒有經過鍛鍊，在武術上並不能隨意控制，也不能收發自如，不過可以了解的是，高頻率的顫抖或顫動，就是「勁」的表現。

## 纏絲是發「勁」的基礎

多年前台北市發生「拔河斷臂」事件，爲什麼突然被拉斷裂的繩子會打斷人的手臂呢？那是因爲拔河繩內纏有一股股的絲，纏絲纏得很緊，小絲加上大絲。當繩子一斷小絲加大絲纏繞崩起「纏絲勁道」快速發勁，人發覺時手要丟繩、要閃都來不及，才會被勁所傷。纏絲纏繞的繩子突然崩斷傷人，和琴弦崩緊彈斷也會傷到手指的道理是一樣的。

颱風吹襲的力量足以把一顆大樹拔起，這是因爲風吹動樹葉趴趴趴的滾動就是纏絲勁的表現，把所有的樹葉捲成一致的方向，力道足以把大樹拔倒，這就是爲什麼颱風來前要先修剪枝葉的原因，只要讓風借不到力，就不會傷到樹本身。

還有最明顯的是龍捲風，纏繞成漏斗狀，就足以把所碰到的東西都吸走，「勁」是很微小的纏絲或連波振動發出的結果。有如地震、海浪一樣層層發出，但基本的動力小到很難去區分它的模樣。

在武術上鞭子是武器的一種，鞭子揮出去回收瞬間繞起的大圈圈、小圈圈所帶起的「勁」，才是鞭子會傷人的主因。舞棍和耍鞭裡面都帶有纏絲。「勁」是纏絲後表現出來的效果，但纏絲和「勁」互爲因果，許多的動作裡面一分析都有「勁」，不過發「勁」會不會傷人，就要看你的「勁」夠不夠快，這就和颱風的大小道理相通。

「太極勁」符合自然，也是以纏絲爲基礎，「太極勁」基本上也都是纏絲所造成的「勁」。表現大的「勁」，其中一定有纏絲，但眞正發出的「勁」則不一定都是因纏絲所造成，其中有些「勁」可能只是些波，如抖繩子，可以繞圈抖震出去，也可以上下抖震成波狀抖出去，那是外圈也稱大圈。

由於「太極勁」要發揮威力，也要像龍捲風捲的方向齊一一樣，要練到每一個細胞都朝同一方向發勁才會發揮威力。

## 以太極拳法練出來的勁就是「太極勁」

以練習太極拳的方式，將人身體內原有的「勁」，蓄養成具有威力的能量，由胸腔、腰跨和身體的迴旋，產生出來的震動力就可稱爲「太極勁」或「太極拳勁」。

「太極勁」可以收發自如、隨心所欲、呼之即來、揮之即去，能爲己所用成爲身體內自然可用的能量。

在武術上不論內家拳或外家拳的「勁」，應該都是一樣的，都稱之爲「內勁」。外家用拳攻擊，扭腰出擊把肢體關節的部位回縮，再瞬間送出去，雖是握拳出力，但仍有「內勁」在其中。

太極拳是內家拳的一種，是以身體本身的內轉來表現「勁」，不是用緊握拳頭出力的方式表現，所以太極拳是勤練身體的內轉，而不去刻意加強手、腳、肢體的硬度。

依太極拳法所練出來的「太極勁」，表現在肢體上，從外觀來看，指向是一種瞬間的顫動，有些像是跳夏威夷草裙舞時肚皮上的顫動，但隨著「太極勁」的功力越來越深，這種可見的顫動會越來越小，小到不明顯。但頻率反而越來越高，王晉讓老師在教我推手時，我一搭上他的手，就可以明顯感覺到他身上有震動頻率在，但外觀上都看不出來他有任何抖動的動作，王老師他身體內的「震動」就是「太極勁」。碰觸到「太極勁」的感覺是一種震動力，這種震動力就是「太極勁」給人觸摸的感覺，但「太極勁」可以很溫柔也可以很有殺傷力。「太極勁」可以說來就來說停就停，不需任何準備是操之在我，但有外力攻擊時順其勢一下就發勁，就像火花一樣碰觸一下就引爆開來。

「太極勁」在太極拳武者體內，受外力就會自動反震，並且透過太極拳架所作身體的運轉，可以在瞬間使自己由逆勢變順勢，除化解對方的力並借「勁」使力，使自己發的「勁」和對手攻擊你的力，都回到對手身上。

趙堡太極拳「忽雷架」也稱爲「圪顫架」，「忽靈」和「圪顫」只是程度上的不同，也稱爲陳氏小架。

「太極勁」基本上就是一種「纏絲勁」，趙堡太極拳「忽雷架」所練出來的「忽靈勁」，是很敏感、啓動很快的一種「纏絲勁」，充分表現了速度和敏感度，快速剛猛是忽然靈起而敏感的「勁」，咻！一下子就來了。

還有「忽靈勁」比較有威力，出拳如風，拳出有聲；「圪顫勁」的勁比較細，傷害力和爆發力都沒有「忽靈勁」強，有如冷到心裡面身體打哆嗦一樣。

# 第二篇

# 「太極勁」的練法

## 先看過「太極勁」才能練「太極勁」

要練「太極勁」至少要先看過「太極勁」，這和搖呼拉圈是一樣的，要先看過人家搖，知道搖呼拉圈是怎麼一回事，再拿起呼拉圈自己試著搖搖看，模仿著搖。慢慢就可以搖出來了。

王晉讓老師在看過祖師爺楊虎打過一趟帶勁的拳架後，回來再練拳架就變了，所以要練「太極勁」至少要先看過「太極勁」，看過才會知道這是怎麼一回事，沒看過「太極勁」，是練不出「太極勁」的。沒看過的東西就沒有模仿的樣子，沒看過也沒經過人的解釋，腦筋裡沒有藍圖，沒有想像空間要憑空練出來，除非你是一代宗師，可以創出太極拳的人。

看過老師打拳同時要模仿老師打拳，感覺老師的拳架、拳勁，看老師打拳眼到、心到，從模仿開始。我自己練太極拳也是從模仿開始，練太極拳要先把拳架打完，打拳架時必先求開展，「太極勁」要發勁時在骨縫之間，在開展中讓骨縫開一點，讓勁在骨縫之間走動。勁在骨縫間才不易傷筋骨，王老師他打給我們看後就是多練，而且要練到整個身子都鬆透。腿勁、肺活量練到有基礎後，再要求其他的就容易上手。模仿久了之後，身體有一點感覺就依這個感覺去擴充，從腰到手腳貫穿到四梢，每一次的感覺會不一樣，有心得後會覺得有不對的地方需要改進。初練「勁」，「勁」和力都是用氣催出來的，練「太極勁」就是要從練拳架開始由外圈向內，會感覺力慢慢擴大，有如燒開水，火慢慢燒，燒到水滾，「勁」自然成。練「勁」時要注意從有招練到無招，練到可以發「勁」的時候，發勁的頻率要一次比一次高，一次比一次細。要練「太極勁」要先把太極拳架練好，一遍又一遍的練，同時配合身體裡的彈抖神經系統，像貓平常爪子就東抓西抓，抓來抓去要用時就熟練了。太極拳招是配合「勁」的運用，發「勁」時，肢體透過拳招就知道要怎麼配合。拳架裡面呼吸長、短、快、慢都設計好了，主要要先有感覺，轉腰、彈抖有了勁的感覺之後，就能朝這個方向練，功力慢慢就有了。

練「太極勁」要一邊練太極拳招一邊自己體會尋找，能量愈大頻率愈細，「勁」才會愈大。起落開合與蓄和發有關，沒有練不出來的，步隨身換，用身子來打拳，手腳來配合。

要把「太極勁」練好，除勤練外，還要多體會、多觀察周邊的自然現象，太極拳架一起一落一開一合，用的是柔和的力量，練拳時沒人當有人打才叫練拳。如果是毫無目的的動來動去，那只是運動身體，而眞正對敵時則要有人當無人。

任何拳都有快慢，只偏快或偏慢都不恰當。太極拳打慢時是養，養身體讓氣息柔順，讓姿勢正確，但太慢則會出現遲滯。打快是運用，初練者如動作太快，姿勢和內在的要求會遺漏。

練拳也要讓自己在不同的環境下練，讓自己到處都可以適應，運用自如。太極拳每一招練到最後都是一個圈，一個「太極勁」，一個「忽靈勁」。也就是一個掤、捋(擺)、擠、按、採、挒、肘、靠，太極拳的道理就是圓，把圓運用得很自如。

## 練「太極勁」要從太極拳入門

要練「太極勁」就要從太極拳開始練起，太極拳的拳架是前人所創的練習方法，開始是用頭腦記著招式以身體去練，要練到很熟，不用思考就可以打拳，直到身法很自然的地步。

趙堡太極拳忽雷架是許多拳架中的一種，招招可以發「勁」，所以用趙堡太極拳忽雷架來練「勁」，是非常適當的方法。練趙堡太極拳忽雷架沒有練習場地不足的問題，一般在家裡都可以練，隨時隨地都可以練，練趙堡太極拳忽雷架不佔地方。以前我和郭冬寶、鄭國輝等師兄弟晚上十點多在我家，約五個榻榻米大的房間練，有七、八個人在場，一個人練其他人看，這就證明練趙堡太極拳忽雷架，只要在一個小空間就可以練，關鍵在於練得夠不夠。

一般來說每天練個三、五趟拳是還不夠塞牙縫的，一天練個三十遍才能練出功力，所謂功力就是:要有腿力，肺活量要夠，這是功力的基本表現。多練多打拳，一天打二、三十遍和只打一兩遍比較起來，對拳的體會是絕對不同的。爲什麼要有功力呢？這就像用馬達抽水，馬達馬力小水只能抽到一樓，馬力大時就能抽到更高樓層。「勁」也一樣，「勁」道不足所發出的「勁」送不到四肢的手指腳趾，至肢體末端已經沒了，有如小學生投球和職棒選手投的球功力不一樣一般。也就是馬力夠大，馬達的轉速才有力。多練就是要使筋骨強勁，外練筋骨皮，內練一口氣，建立基本功夫。

練拳需「用心」和「勤快」，少了這兩樣，練拳只是說說而已。也就是練拳要如王晉讓老師所說：「除勤練外還不能傻練，要用心，不夠用心興趣就不多，就難以有成。」

趙堡太極拳忽雷架拳架要盡量打低，這樣關節才拉得開，拳架打太高也就是身型太高，沒有蹲下去。拉不開拳架關節就拉不了那麼大，虛實轉換就轉換不過來，拳架打低練得紮實，下身就愈來愈沉，這樣身子才會有力。

練忽雷架要在起、落、開、合中去練，這樣自然可以調整呼吸，增強體力。打拳時拳勢一開，氣自然就進來；拳勢一合，氣自然就出去。起、落、開、合一呼一吸有長有短，隨著動作的緩急呼吸自然跟上，不要刻意去強調呼吸，動作大而慢，呼吸就自然大而慢，動作小而快呼吸也就自然小而快。

拳經上說：「起、落、開、合就是拳經。」練拳時注重起、落、開、合就是練腿勁、練呼吸，練拳的動作要有快慢，練拳要從身不由己練到全身一致。在練忽雷架的過程中自然就有練氣，不必刻意強調調息，清朝武禹襄所著《十三勢行功要解》所說：「行氣如九曲珠，無微不到，所謂『氣遍身軀不稍滯』也。」又說：「全身意在蓄神，不在氣，在氣則滯。」練忽雷架是根據太極拳架動作的快慢，呼吸自然來配合，如特別去強調調氣，反而容易產生「在氣則滯」的現象。

初學者打趙堡太極拳時若是很專心，打完一趟拳會很累，但打久了熟了自然了，練完拳的感覺是身體空洞、寂靜、周身舒服，這才是正確的太極拳。

練趙堡太極拳是練得愈累回復的愈快，所以練趙堡太極拳是：補充自己的能量，而不是損耗自己的體力。是一種滋養，能量消耗後能再給予補充，也就是打累了休息一下，體力自動又回復過來，如果有這樣的感覺，練趙堡太極拳就是正確了。

練趙堡太極拳要練到：使身體每一個細胞都照著意念總指揮一起走，如果做到這樣，雖然練的是軟動作，照樣可以增加力氣。

練拳要避免受傷，轉腰動作開始要慢，才不會扭傷，慢慢來不急才不會受傷，猛一下很容易受傷。練發「勁」時，覺得自己轉得不舒服，就要輕一點、小一點，轉動不離開自己的關節結構，就不容易讓自己不舒服，功力愈高圈就會轉得愈小，身體上的轉動就不大看得出來。

練拳時要特別注意自己身體的感覺，蹲下時身體很累或頭往前不正，這些感覺都要注意，發勁時如果蹲下去轉不動或起不來，可以利用一起一落那個很小的落差空間發勁，在那一個小點，「勁」的轉速就可以出來了。如果是要起來站好的動作，蹲下去也要在站起來後才能發「勁」，那這個「勁」就死了。

練趙堡太極拳忽雷架把太極拳武術的技巧和能量的儲存，都做了完善的歸納。從防守到攻擊都有很完整的方法，有系統的定位，但在武術上沒有說什麼是「天下無敵的功夫，主要是比誰的內勁儲存量高、技術更靈巧、修爲更高、經驗更多。」

## 初練太極拳需講求身體中正，先求開展再求緊湊

練「太極勁」先從練太極拳架開始，練拳架時身體要中正，肢體需開展，身體要中正才能眞正放鬆，避免受傷。肢體開展筋才能拉撐，綳起來時「勁」才能發得出來，筋骨肌肉拉開自然會有一個「回勁」，綳才有力。如鞭子不用時是軟綿綿的，要掄起來後打出去到底一個「收勁」，「啪」，才會產生「綳勁」，肢體張開來到頂點才叫「綳」，這就有如繡花時，要先把繡花布放在「綳子」上綳緊一樣的道理。

初練拳身體要先能轉圓，轉到身體裡面去，大圓轉到小圓，身體裡面都跟著圈圈走。不是先練波形，一定要身體先能有纏絲，沒有纏絲就沒有虛實，沒有虛實就不能運轉，起、落、開、合是動作，虛實

轉換是動力，起、落、開、合、虛實轉換得好就是太極拳。

初練拳的人是在身體外形上打拳，再來要打到身形裡面，身形裡面就是丹田，再深入就是自己的意念，身體的感覺、觸覺，如果有意念就會全部配合在一起。除身體中正外，要注意不是在手腳上打拳。既稱太極拳是內家拳，思想就很重要，也就是內在的感覺配合度是很重要的，不要只用外形的變化在打太極拳，如果只是外形的太極拳，這樣的太極拳就太粗糙了，且不能用。注意內在小我的丹田裡和思想觀念意念都要貫入在拳的動作裡。也就是每一招一式都有思想意念，在意念裡產生動作，身體是配合動作。

起、落、開、合要匹配在拳架的動作裡，初學者是大開大合，練到一定程度就變成小開小合，因爲大開大合很可能被人佔到你的重心，愈練圈愈小就是小開小合，讓人家沒有機會乘「隙」而入。手腳一合時都要纏絲，也要放鬆，爲的是發「勁」時「勁」會跟著出去，沒有纏絲「勁」要出去的路會被阻擋。「勁」在走時會產生震盪，震盪如遇阻擋則會造成傷害，而「勁」如果太弱，遇阻擋就發不出去。

練拳架先求開展再求緊湊，能發「勁」時要求發「勁」的緊湊，緊湊就是要在發「勁」時不需要任何預備動作，隨時都可以發，且「勁」要用多少就是多少。拳架動作要講究起、落、開、合，起、落、開、合除可練腿力、練呼吸，也是練出內勁的關鍵，無論是「聽勁」、「化勁」、「發勁」都是一種感覺，要練到周身都有記憶的感覺，眼、耳、鼻、口、皮膚接觸都有感覺。

自己練「勁」是知己的功夫，和人推手是知彼，追求知彼的感覺。要要求到自己不倒的感覺，就只能在掤、捋(攦)、擠、按、沾、黏、連、隨中追求，練推手最重要還是重視感覺。受到威脅時能不能

「化」得過去，再給對手壓力威脅。如溜冰要先感覺讓自己平衡，也如走鋼索，在一條鋼索上感覺能保持平衡。

練太極拳的層次有如蛇的脫皮，每一次脫皮可能會否決上層次的說法，如剛開始要求肢體要開展，要打大圈。但高層次的要求是要緊湊打小圈，這並沒有相互矛盾，而是在不同程度上有不同的要求。

太極拳架中有大圈、小圈的動作，大圈就是練拳時身、腰、胯、腿、手、腳，一起跟著走勢在走，也叫「公轉」。而身、腰、胯、腿、手、腳自己在纏繞的就叫小圈，又叫「自轉」。身、腰、胯、腿、手、腳雖然各走各的，但也要配合大圈走。大圈是配合起、落、開、合的身勢一起走。一般來講，大圈、小圈及擰腰、坐跨、往覆、折疊都能做到集中，才能發出太極勁。這些都合在一起瞬間發出去的「勁」，就叫「太極勁」，也叫「震波」。

後招接前招的地方叫轉換，轉換的地方一定要有包括折疊才能發「勁」。所謂折疊就是一去一回，毛巾一甩出去瞬間帶回來，啪一聲就是「折疊勁」。「勁」有強弱之分，毛巾一甩「勁」強，煎餅時鍋子一甩翻餅，「勁」弱。

轉換變招時一落馬上又起，中間接得很好好像沒有交接的地方，就表示轉換得很好，整趟拳打下來就好像只有一個單招一樣。

初練拳者要以沒有人當有人練，之後練推手要以有人當沒人練，也就是說要很自在的推手，把翹翹板的原理用得很順手，翹翹板的原理就是太極，太極是圓的，有陰陽。受力點就是陰，沒受力點就是陽。陰陽一轉換就是太極拳。

太極拳要練推手，就是練知彼的功夫，拳打得很熟練後，也就是不用想就能打，這時就要假想有一個人在和你交手，每一招每一式在做什麼？心裡都要有個模型，接著練推手時要把練拳的感覺應用出來，運用得很自在，推手要練到有人當沒人推。

## 渾身鬆柔是練出勁的基本功夫

練太極拳最先要做到的是全身上下要放鬆，要讓自己渾身鬆柔，打拳緩慢而流暢，從練武的角度來看，這種和一般認知及外家拳武術截然不同的入門方法，對太極拳來說有很重要的用途。

初練太極拳時動作緩慢鬆柔，外形看起來柔軟無力，之所以必須先鬆柔己身不用力，以及初練太極拳的動作要輕柔和緩，主要就是要先培養出將身體內天生就有的「勁」練出來的基本功夫，透過這樣的基本功夫，便可以將「太極勁」練得收發自如爲己所用。

換句話說，人的身體及四肢如果不夠鬆柔，「勁」就練不出來，「勁」從體內傳出來也無法傳到手腳四肢，「勁」發不出來就無法發揮太極拳的威力，也就是身體鬆得透。骨架中正，發「勁」的時候才可以從肩膀、從頭頂傳出去，也才可以傳到四肢。

所以練太極拳肢體或動作必須先鬆柔和緩的目的，就是爲了練「勁」。這種用太極拳法所練出來的「勁」，除了可以隨時發「勁」，也可以集中朝你指定的方向發出來，可以控制大小，收發自如的「勁」，就稱爲「太極勁」。

對太極拳初學者來說，所謂鬆柔，不要用力就是放鬆，但最好要有老師在身旁指導，告訴你哪裡沒有放鬆，眞正的鬆是把關節鬆開，節節放鬆筋骨要開，可以虛實轉換靈活，「勁」才過得去。要做到鬆柔不是軟綿綿無力的鬆，關節要配合鬆開但不能卸掉。如太極拳師祖謝功蹟在手臂上放杯水，發勁水不會潑出來一樣，鬆下來關節不能是緊壓的，不能節節貫穿，就不能貫穿在骨縫之間。

要做到鬆，初學者要有如在關節上了油，每一個環節都旋轉自如沒有生鏽卡住的情況，當鐵鍊垂直吊著，每一個環節都是鬆鬆搭著，沒有咬緊卡住的現象，從任何一個地方推吊著鐵鍊，都整體呈現自然弧度凹縮的回應，一放手鐵鍊又自然擺盪回復垂直的狀態，受力或不受力的鐵鍊環節，都不應有被卡住的情況出現，這就是鬆的關節所應有的表現狀態。

柔就是要有如布丁，把整個布丁倒出放在盤子上，搖晃盤子，布丁是整體如波浪般的晃動，布丁晃動的力量來自根源底部的盤子，根源一晃動，布丁上下左右一體順勢晃動。這種柔和與棉絮被風一吹隨之飄揚，無整體一致性的柔大不相同。布丁隨力擺動是整體一致性的柔，符合太極拳前輩武禹襄在「太極拳解」中所說的「一動無有不動，一靜無有不靜。」渾身一致的境界。

鬆是體，柔是形容動作和速度，不是周身不用力就叫「鬆」，光柔軟也不叫「鬆」，要注意力氣夠才能放鬆，力氣不夠就緊張，要檢視自己的身體是不是中正，放鬆了身體中正身子就會帶勁，沒有做到鬆柔，勁就無法帶出來，但人很難感覺出身體的情況，所以需要老師在一旁觀看指導，引導出那鬆柔的感覺，所以打太極拳無論快慢都要鬆柔。可多觀察貓的動作，無論快慢都很鬆柔。

## 勁的發動有如引擎的啟動

太極拳發勁的過程，可以用引擎發動的進氣、壓縮、爆炸、排氣的循環來形容。發勁時「太極勁」在體內形成的步驟是：引擎進氣、壓縮，就是開、合的動作，透過身體內外繞圈纏繞的動作，達到壓縮的目的。至於引擎的爆炸，在「太極勁」的「發勁」不是眞正的爆炸。而是壓縮之後的反彈，連續快速的反彈所帶起的勁，就有如汽缸內火星塞快速爆炸，連續的火花推動活塞，發動引擎推動車子，使其能夠前後左右行動的原理是一樣的。

「太極勁」就是這種快速旋轉所產生的爆發勁，各家太極拳練出來的「太極勁」，基本的內容應該都是一樣的，有如汽車不論前行、左右轉、後退動力的來源，都是引擎內火星塞連續爆發所產生的力量。也如同麵粉製品不管做出來的是麵包或饅頭，本質都是麵粉的道理是一樣的。

太極拳全身上下渾身一體，擰腰、坐胯加一個壓縮出去，就可發出一個「勁」，練太極拳練到全身鬆柔，往下一擰腰加一個頓坐，就是壓縮和爆炸，這兩個過程雖有先後但幾乎是同時發生。也就是壓縮到勁可以發出去之間的那個點，就是一個反彈點。這就如同你手抓著皮球一拍，力量不夠大球還是不動，但球內會有震動反彈迴盪出來的道理一樣。

初練到有勁，會感覺勁從丹田出來，但只是有名無實，這種感覺很難表達，它不是一股熱流，只是從肚子裡有一股氣出來了，腰一轉一發就出來了，功夫練愈好後腰不用怎麼轉，「勁」自己就出來了。「太極勁」打到最後不轉腰一樣可以發勁，有感覺才可以操縱它，先由外而內從腰手的轉帶到裡面，再由內而外要練到無聲無色，沒有蓄勁馬上就可以發出勁來。「太極勁」發勁時，一壓縮、反彈發勁後，迅即可達到人的手腳四梢，在行經的路程中全身上下渾身是勁，即所謂的「一靜無有不靜，一動無有不動。」

以水管爲例，如把水管捲起來，水或氣一來水管就被水力或氣力催直，但如果沒有管子，水或氣流出來都是散的，就產生不了力道，透過水管同樣的水或氣就可以集中，就能傷人。對勁來說，人的肢體就是工具，讓「勁」可以在肢體內旋轉迴盪。如球打滿氣就可以支撐很重的壓力和反彈，但球的皮要很強韌，人的身體也一樣要夠強壯，「勁」才可以充分發揮。

練拳拳架的形狀不是最主要的，主要的是周身鬆不鬆，內轉氣能不能通過，周身是否鬆透，你看到別人可以發出的「太極勁」，但如果自己不夠鬆透還是發不出來的。如果你認定一定要把這勁練出來，回家練習時不是幾遍、幾遍，而是要幾十遍、幾十遍的練。

「勁」發時要傳到手，肩膀要能鬆，能鬆勁就通過，關節勁、丹田勁、腰胯勁要一起到，一起合在一起，就如要和敵人接手，手腳要同時到達位置。沒有同時到達位置，就會有所落失。

趙堡太極拳的勁基本就是纏絲勁，用不同的拳架招式把纏絲勁發出來，練習時要練到每一種姿勢都可以發出纏絲勁來。趙堡太極拳最大的特色是，每一招每一式都可以把勁表現出來，一個「忽靈勁」就把「十三勢」掤、捋(攦)、擠、按、採、挒、肘、靠、進、退、顧、盼、定都包含在裡面。

太極就是一個圓，而「忽靈勁」的圓是360度乘360度立體的圓，在旋轉的過程中，任何角度攻擊的力量，都會被這個圓改變後彈出去，「太極拳」就是用這種原理和人家接觸運用，趙堡太極拳在發勁的過程中，就可以四兩撥千斤，一個「忽靈勁」就把千斤力引化出去。

## 發勁的起點在腰胯和意念

勁要能發出來，初期要先練蓄勁，高手是蓄勁和發勁同時，打拳時就是在蓄勁，拳招打熟了之後，要特別去練慢的動作，在慢的動作中去修正自己的身形。在很慢的練習過程中，有什麼地方出現憋勁，沒有轉換或勁道沒有走到，都可以清楚的感覺到，修正虛實、身形、肢體動作，然後訓練氣沉丹田、養氣，再開始練習發勁，發勁是一種壓縮，就是將身體能量的勁壓縮發出來，也就是說，發勁是靠壓縮所產生的，壓縮就是一種虛實轉換。

但是壓縮的力量從何而來呢？靠什麼壓縮？有人說是從肢體，有人說是從丹田，也有人說是從意念。以玩溜溜球作爲比喻，溜溜球往下一放到底，一拉球一個頓挫，球就轉上來。但發勁並不是要到底才能發，它是隨時都可以發的，一發就有「即化即發」。

發「勁」的起點一個是腰胯，一個是意念。

「腰」是指身體和屁股接觸的地方，兩腿和屁股接觸的地方就叫「胯」。也就是脊髓和兩胯三點之間就叫「腰胯」。腰胯像杯子，杯子一轉會帶動杯裡的水轉，但杯子不轉後杯裡的水還是會轉，又如馬達要發動，以前是靠搖柄轉動帶動馬達，現在只要一按鈕就啓動。但轉動後就不需要搖柄，初練時要先用「腰胯」來搖動，但愈搖愈小愈快，有如一按鈕就啓動，「腰胯」轉動要活，「腰胯」一轉即可發「勁」，發出的「勁」往上下四處送，所以「腰胯」是發勁時身體結構的主宰，是硬體結構，「勁」是爆發力在推動，是內在的軟體。

人的四肢有關節，有道是「根節催、支節發，中節一到力增加。」太極拳譜說：「五弓齊發。」就是雙手、雙腳還有脊髓，上下一致、內外一致，相互配合就會增加很多的勁道，所以發勁要看勁是否會傳到四肢。發勁像踢毽子，不會踢的人一踢手也歪了，嘴也歪了。全身能鬆透，手腳和丹田三點同時一起纏，要發勁時就可以像石頭丟到水裡，石頭什麼時候下去，水花就什麼時候濺起。不過「勁」並不是從丹田發出去的，而是從全身的細胞發出去的。

王晉讓老師說：「『一處有一處虛實。』『勁』發就像蜘蛛網，蜘蛛在網中一動全網皆動。丹田只是氣的房舍，丹田勁只是其中的一個勁，強調的只是丹田要有勁。」

太極勁不強調丹田勁，只強調改變體質，就是增加身體的密度，把密度從鐵練成鋼、變成金，練時收斂入骨，將能量納入骨髓。

練發勁要先從單招練，在太極拳招中已設計出各種的情況，找幾招得心應手或常用的招式，先單獨的練。用單招發勁熟練之後，運用時就比較容易發出來。要逼出勁，練拳時拳架要求開展，開展是練出勁的基礎，意念放在湧泉穴，發勁的過程拳經拳論中說：「起根在腳，發之於腿，主宰於腰，形之於手。」意是總指揮，如作畫是先心裡有畫才落筆，意念內先存有畫才發表出來，勁也是一樣。擰腰坐胯，擰和轉類似，雖然擰也是轉圈，但是速度較快，圈子較小有強度，外形比較小不易察覺出來，但重點是要「以意行氣，以氣催身。」以意為主腰胯動，四肢身體不動，而轉腰只是像一般做體操轉動腰部。

發勁行、住、坐、臥都可以發，沒有什麼預備，不是先把姿勢擺好再發勁。

要體會並練出勁的感覺，可以先跨一個準備打「金剛搗碓」的前箭後弓的大步，重心放在後腳，上「金剛搗碓」時，不能先把重心移到前腳，而要維持在身體下方的空處，身體不動腰一擰，後腳配合手往前進上「金剛搗碓」的動作。由於重心沒有先移到前腳，而在中間的身體，後腳往前時，意念要有在腰胯要旋轉出 360 度乘以 360 度，從後往前再往上的立體圓，且自然產生圈中套圈，逐漸加圈的效果，就可以逼身體提勁，以維持身體不倒。

先求開展肢體要合時，要有提起來的意，感覺氣血到頭頂的百會穴，就是「虛領」。此時會自動「提肛」，一個轉腰如球往上往前，此時要加速，這就是壓縮、爆炸，如此才能合，如果都對了「勁」就會出來。

每一招都是這樣，兩腳要交換虛實都要用內勁，四肢不能穩住身體時，就會用到內勁。雲手，頭、肩、平正不動，腳也不動，手轉雲手的動作引腰轉圈，擰腰自然帶動大腿，在擰腰的同時，要朝那個方向攻出時，擰腰的圈就朝那個方向引動。也就是朝那個方向加速擰腰，把勁壓縮出來，沿脊髓攻擊的方向出去。

## 練「太極勁」是練能量的儲存

練「太極勁」是練一種能量的儲存，眞的要使用時，是靠肌肉和筋骨及神經反應來應用這個能量。和尚打坐也是儲存能量，但沒有學過武術就不會運用在肢體上，能量本身沒有什麼不同，練太極拳、打坐、調氣，都是儲存能量的方法，差異只在能否運用在打鬥技巧上，所以太極拳是能量加肢體的發揮。

練好「太極勁」後，「太極勁」是渾身都有，包括每一個細胞，「太極勁」和氣功的「氣聚丹田」是不同的，太極拳講究的是「腹內鬆淨」，把氣運到丹田，腹內會發脹，有腹脹的感覺就不是淨，要乾乾淨淨好像沒有東西的感覺，但並不是完全沒有氣，就如空杯子中也有氣一樣。

《太極拳論要解》說：「腹鬆，氣斂入骨，神舒體靜。」《十三勢行功心解》上說：「腹鬆淨。」丹田若先蓄滿氣再發出去，動作會呆滯。

## 勁的運行是靠虛領

練「勁」練到「勁」很充足時，發「勁」時就像打噴嚏、打嗝，很自然就出去了，受攻擊時不用思考，「勁」會自然運作。

剛開始可以發「勁」時，是要轉一個圈才可以發「勁」，練到後來如氣棒一按就發，如龍捲風捲成一堆，這時速度才夠快，來得及使用。如果還是要繞很大的圈才能發「勁」，這樣的「勁」在應敵時來不及的，發勁要很快，一起「勁」起，一落「勁」落，絕不拖泥帶水。

「勁」在運行上可以以子彈或砲彈的發射來做說明。砲彈的藥包點燃後轟出去，砲彈在空中旋轉一直往前飛，就是一種「虛領」的勢，它八不靠，完全靠「勁」提著它走，那向前飛的「勁」就叫「虛領勁」。

王晉讓老師說過：「太極拳從這招起到那招落，中間的過程叫『虛領』，這之間是靠『勁』去推動，不像人一步一步走的力量。所以一個勁螺旋狀一直推到頭頂，就叫『虛領頂勁』。」

「虛領頂勁」在每一招式中都要表現出來，這一招起到那一招落中間，都要有「虛領」，就像標槍一樣，丟出去飛行到落地之前都要有「虛領」，不然標槍就掉下來了。

「虛領頂勁」要用在腰盤，腰盤要虛實轉換，上下左右轉換才能發勁。從外形帶著內在丹田，外形一轉內在一轉就傳到四梢。「勁」的傳送要順著勢，所有的勁都順著勢去打，勢朝這，勁就朝這。勢可以左右移動，像懶扎衣，腰在轉手腳跟著轉，同一個身法起就是起，落就是落，勁隨勢走。

太極拳的「勁」和外家拳的「內勁」說起來沒有什麼不同，但太極拳是可以增加身體內組織的密度，把密度變大能量就跟著變大，從外觀來看，練太極拳勁的人會變瘦，但體重反而增加。

有人運氣把氣吸進再轟出去，這樣做會有斷層，太極拳是氣和姿勢做交替防禦，有如兩個閘門，相互配合一開一閉很緊湊，一勁發完又一勁換上，有如吃飯上菜，一道還沒吃完另一道又上來了，一開即合雖還有斷續，只是看功力的高低。高手見招拆招看誰快，所以練「勁」要練到輕巧中可以使出「勁」來，達到以柔制剛。

所謂往復爲摺疊，如推車上坡「勁」不能斷，這樣才能讓車不滑落下來，一勁一勁的跟上，半路休息時也要做到力斷意不斷，也就是「勁」不能斷。「勁」是能量加發勁頻率的表現，身體是一個工具，就看能量夠不夠高，頻率夠不夠快。

「勁」的頻率愈高愈密，表現在身體外形上看起來就愈小，如琴弦上緊彈一下，琴聲嗡嗡不絕，如果將琴弦放鬆彈一下，便只響一聲，就是這個道理。頻率不同發出的效果就不同。

「太極勁」在體內運轉的速度很快，就像快轉的輪帶機，攻擊的外力一碰就彈出去，並可引導外力攻擊的方向，也可借力使力將力量加倍送回，所以和人搭手要輕，就是怕人家勁的轉速快，一搭手就把你摔出去了。

# 第二篇

# 「太極勁」的用法

「太極勁」實際上的運用，主要就是在「蓄勁」、「化勁」和「發勁」三個動作上。

「蓄勁」可以說是準備的功夫，「化勁」就是化解對手攻擊的能量，「發勁」就是攻擊的方式。但是要在實際會使用這三種勁之前，要先懂得「聽勁」。

## 「聽勁」——在自己身上布滿保護網

會搖呼拉圈的小女孩可以邊跑邊搖，非常輕巧。呼拉圈在她身上轉圈都不會掉下來，這種可以搖住呼拉圈的能力，就是身體有了「聽勁」。又有如手上拿著燙手的杯子又不能丟，這時手指會快速的轉換來避免燙傷，這就是「聽勁」。「聽勁」和「化勁」是一體的兩面，「聽」是一種感覺，能感覺到才可能「化」，沒有感覺如何能「化」，也就是感覺到然後化掉，這就是聽和化之間的關聯。

「聽」有兩種，一種就是對手還沒真正接觸到你的身體，就是還沒有眞正將力量吃進你的身體前就「聽」到，此時的化比較容易。另一種「聽」就是當對手力量已經進到你的身體和你對峙時，也就是當對手已有部分力量吃進你的身體，你要有些勁去掤住他，以數字來說：「對方有一千斤的力量進到你的身上，你要有四兩勁去改變對手力量的方向使之落空，也就是四兩撥千斤。你沒有這四兩勁，就沒有辦法改變對手的力量和方向，當對手的力量和你接觸對峙吃上了你，已進到你身上時，你至少要有四兩勁頂住他，然後再做轉換，但要注意這四兩勁是巧勁，不是百分之百的硬碰硬去頂住他。」

在實際運用上「聽勁」的這兩種，一種是手、腳、身體有接觸到，能感覺到對手力量的大小方向，這是「聽勁」的基本功夫。另一種是身體還沒有接觸到，只用意念感覺到即將展開的攻擊，就知道對手的能量有多大，哪裡是弱點可回擊的地方，哪裡是最強的地方？就是所謂的感應，感覺對手要攻擊你，對手的力量還沒碰到自己身上，就已經感覺到對手力量的模樣，雖然對手的力量還沒有完全落到自己的身上，但自己已經察覺到這威力有多大，從什麼方向，什麼角度來。

練太極拳可以練出非常強的感應，練拳要能練入神，不斷的運用第六感、意念去感應自己肢體的運動，練久了之後慢慢就會擴散到體外，看到對手就可以感應到對手的強弱位置，但感覺到的不是外在拳、腳、身體的動作，而是內在身體裡結構力的方向，這種感覺很微妙，在瞬間就可以感覺出來，這在練拳中神韻、意念都要全神貫注，配合動作，外形動內在卻入靜。先要能感覺自己，然後才能感覺別人。

「聽勁」是聽別人的勁，是一種知彼的功夫，要常和別人摸，也就是從推手和散手中的互動去練習聽勁。要了解太極拳中的掤、捋(攦)、擠、按、粘、黏、連、隨這八個字，就要先能聽勁和懂勁。面對對手，要先能感覺對手的存在，才能防範對手的攻擊。這就像廚師調味要有味覺，先知道品味，調味才能調得剛好，才能下手。從太極拳來說就是要先能聽勁、懂勁，能聽得到對手的勁才能下手，不了解對手的勁會掉入對手的陷阱中。

舉例來說：「摸刀刃也有聽勁，常玩刀的人在刀刃上摸來摸去，不容易被刀傷到，因爲他可以聽到，也就是感受到刀刃傷人的殺氣之所在。」

王晉讓老師和謝功績祖師推手的時候，謝功績說我沒想讓你摸到，你是哪兒都摸不到。王晉讓老師不相信，手一搭上，王晉讓老師心想我用腳踹你一下，剛這麼一想還沒做，就被謝功績一個勁打得人都飛出去，再被謝功績用兩隻手指抓著他的手拉回來，謝功績說：「你想用腳踢我。」王晉讓老師說：「我當時只想踢他，還沒開始踢就被察覺到了。」這除了是聽勁的功力外，也是掤勁的先聲。

也就是說，練太極拳要能練到皮毛，如王晉讓老師所說：「冬至衣服，夏至寒毛。」也就是人家碰到衣服時，寒毛都要能感應到，在自己的身上布上一層保護網，保護網要愈練愈大、愈強，只要有外力進到這個範圍就能感覺到。

陳應德師祖每個月到王晉讓老師家教拳，有次陳應德師祖在院子教散打，叫徒弟們把他圍起來，但徒弟們都站在前面和旁邊，他就說：「你們不要都站在前面，後面來，後面來。」剛好王晉讓老師從後面走過來，聽陳應德師祖說後面來，對他背後就是一拳，陳應德師祖哈一聲，把王晉讓老師從後面摔到前面，王晉讓老師的手就有一點脫臼，陳應德師祖當時就有點不高興的說：「你突然從後面來，也不講一聲。」王晉讓老師說：「你說後面來，後面來。」陳應德師祖說：「我說後面來，意思是說他們都站在前面，你突然來，我勁發出去就沒大小，我知道你，就不會把你摔得那麼遠。」太極勁有如自動防禦系統一樣，來得大去得也大，勁來得柔小它也就很柔小。

## 練「聽勁」和「化勁」要在打拳和推手中去體會

「聽勁」是感覺體會對手的勁，「化勁」是改變對手的攻擊方向，利用圓的原理去改變對手的力量，在哪裡聽就在那裡化，身上哪一塊肌肉感覺到，就在那一塊肌肉化，當然這是程度的問題，開始練的時候一定是從肢體、關節地方的化開始，練到最後就是在被攻擊的那一點上化，程度不同化的能力也不同，但相同的是化時全身都是一體的。全身一動無有不動，全身配合那一點動，全身都爲了這一點的勁來匹配它，讓他發揮最大的效果。舉例來說：「俗話說：『狗咬狗一嘴毛。』爲什麼？因爲咬不到身上肉啊！因爲狗咬到肉就不鬆口，所以當狗牙碰到皮毛時，被攻擊的狗就用忽靈勁躲避掉，所以最多只能咬到狗毛。」

要練出「聽」和「化」，要從打拳和推手中去體會。打拳要專心，專心意念才會守在體內，感覺身體有沒有中正，虛實有沒有做好，轉換有沒有做得很好，肢體是不是放鬆了，身體四肢有沒有覺得哪裡彆扭。先從外形去感覺，這些都做得很好才能去感覺自己的丹田，感覺到丹田能量的存在，並感覺整體的勁。這種感覺會愈來愈快，愈來愈強，這就是先有知己的功夫。

如果你練到勁可以發出來了，要去找人練，去感覺人家餵你的勁是怎麼樣的，感覺來的勁有多大，什麼方向來的，怎麼去轉換它，怎麼讓力轉回去。再來要從散手中能隨時隨地聽到對手來的力，並且予以走化。「聽」和「化」是一體的兩面，所以是一起練的。

「聽勁」和「化勁」都是「聽」和「化」別人的勁或力，本身是不帶勁的，只有發勁要用到自己體內的勁，同時轉換對手的力量再送回去。不過此時的「化」是從對手最弱的地方下手，把對方的根也就是重心的位置拔除。換句話說，當一個人重心不穩快跌倒時，他除了盡力讓自己平衡不要跌倒外，根本沒有餘力做什麼。此時你只要發勁，把轉化自對手的力或勁送回他身上去，對手此時幾乎沒有防禦的能力。

兩個前後方外來的力量同時打在身上，可以以對稱勁的方式，借力使力，將前方來的力導向後方來的力。

陳應德祖師說：「他手上的毛可以把蚊子夾住，還叫徒弟們來試試，他的手隨手就擱在桌上，誰都隨時可以用刀來扎，扎到不怪你，但徒弟沒有人敢。」他就說那就用毛筆點，點黑就算。他的意思就是說：「我坐在這邊，手隨便擱著，你隨便戳戳看，結果沒有人拿毛筆可以點到陳應德祖師的手。」這就是太極拳經說的「一羽不能加，一羽不能落。」就是這麼輕微的外力，我都要能閃得過去，這對太極拳勁來說是「聽」、「化」勁的高峰。

楊虎祖師爺在睡覺，王晉讓老師他們早上三點就起來練拳，練完拳就去請祖師爺起床吃飯，王晉讓老師跑進房間伸手拍拍床上的楊虎祖師爺，但一拍就被反彈出去了，楊虎祖師爺起床就說：「以後來叫吃飯，出聲用叫的就好了，不用拍。」

這也是「聽」、「化」勁。

## 練「化勁」——身體中正、起、落、開、合要做好

「化」勁就是把對手攻擊自己的力量，改變爲對自己沒有威脅的力量，但要能化必先能聽勁，沒有「聽」到對手的力量如何「化」掉對手的力量，「聽」和「化」是同時接續的動作。

所謂「化」在太極拳的說法，就是當對手的攻擊力量接觸你時，你瞬間做轉換，把對手的攻擊力轉換回去，讓對手的力量沒有辦法對他原要攻擊你的這個點繼續攻擊。也就是讓對手沒有辦法用他預定的

力量，向他想要攻擊你的點攻擊。

「化」的轉換會使得對手的力量，在自己受攻擊的這個點上發揮不了作用。太極拳的「化」是只要在受攻擊的那一點上陰陽一轉換，身形不用做很大的改變，對手的力量就會回到他自己的身上，並使對手重心浮起，這就是「化」。改變對手力量的方向，讓對手沒有辦法繼續全力向你攻擊，因爲他的力量已經轉回到他自己身上，他自己反受到威脅，這就是太極拳的「化」。

初學「化」在肢體上轉移攻擊力量的方式，就像翹翹板，這邊壓下去，另一邊會翹起來。要揣摩翹翹板的原理，在練拳過程中去找，從每一招一式中去找，獨自練拳時，要讓身體能體會其中的化，這是知己的功夫。

練拳練到一定的程度，身體的柔軟度、發勁、提領勁都有了，再去練推手，推手的過程就是把練拳的心得運用在實體上，實體就是人，人是活的，靠對手來餵「勁」，來學習翹翹板的原理。如何把來「勁」化掉，如果化不掉要反省是哪裡的肘「勁」沒化掉，或是哪裡的轉關「卡」住了，產生不了化「勁」，再修正動作、感覺、姿勢。

再來就是不用人特別餵「勁」。在自然的推手中，隨時隨地能化得掉，先在拳架中找，再到與他人的推手中找，最後在任何狀況下都能找到運用翹翹板的原理的感覺，才算是不錯的程度。

練化勁先要注意自己的身形，首先要注意身體要保持中正，身形保持中正後，脊椎骨才能保持正直，身體才不會偏斜，當身體沒有偏斜時，身體重心的移動轉換，是跟著你身體的平移到左右腳去做轉換，這時的身形是正的，而且可以用身形來做轉換，不是用接觸到對手的四肢來做轉換。

如果身體中正、起、落、開、合這些基本功夫沒做好，要化別人的來「勁」就化不掉。若是身體沒有中正，一受力就不敢放鬆，因爲力點會被頂住，所以不敢放鬆，一放鬆就會失掉重心，被人推出去，或被人乘隙而入。身體很正的時候，兩腳撐得很穩，身不正偏斜時重心也會偏斜，就很容易被對手抓到重心，人家一佔到你的重心，自己的「勁」就落不下來，根就被拔掉了。

## 化的境界

化人不必化得太長，只要一點點就可以把人摔倒，就如踩到香蕉皮，只要踩到一點點就可以把人摔倒，這裡化那裡發，猶如翹翹板。

當對手貼上時，你要能感覺對手攻擊的力點在哪裡，從哪個方向攻擊，如何轉化，有人感覺得到但化不掉，這是能力程度的問題，化得掉就可以改變對手攻擊力的方向，改變並隨即切走，讓自己的「勁」順勢進入對手的重心，對手就會站不穩。

化是整體的，自己要有基本掤的力量，讓人家的攻擊力不要瞬間進到自己的身體，以很巧小的勁搏大力，之後就算對手再給你更大的力量，你便可以感覺到，並即刻轉化對手攻擊的力量，讓自己成爲順勢，不讓對方的力量破壞到自己的支撐點。

也就是說，「當對方用一百公斤的力量打過來時，你至少要有一公斤的力量去掤住它，當然這不是說力量的對比一定要一百比一，公斤數只是一個比喻，這一公斤是基本的保護網，當這一公斤的力量掤不住，就順著走，沒有這一公斤的力量就聽不到對方力量。」

如果對手的力量異於尋常的大，我撥不動千斤，就要瞬間轉移自己的身體，避開重力的攻擊。能不能在瞬間轉化自己，是避免受傷的關鍵，有沒有這個能力，關鍵在於自己能不能把轉化的圈轉到最小，以及受擊點肌肉的轉換。

太極拳架中掤、捋(擺)接人後，擠、按出去，一個來去正好是一個圈，搭到對手但不會阻擋對手的力量，使之不傷害自己，只要化掉對手的餘力，化掉之後接著擠、按就對。「擠」用來移動對手的體位，讓對手站不穩。「按」一下把對手送出去，不過要按人時，切忌沒有黏上就按就發。所以每一次在運用上都是掤、捋(擺)、擠、按、沾、黏、連、隨，沒有粘、黏、連、隨不知道對手的來去，就不能化解，所以說：「摸不著不發，黏不著不發，探不著不發。」

化勁一般如翹翹板，一邊下另一邊就上，也就是「化」要和「發」在同等的距離內產生，也就是即化即發才能產生最好的防身制敵效果。又如進旋轉門，要跟著門走不能急，你在裡面往前一推，後面的那扇門就撞上你。「化」也是一樣，對手一攻進來，左手一卸，右手就打過去，由下而上、由上而下，跟著對方的起落，像翹翹板一樣，捨己從人，要不頂不丟，才打得到別人，也才能卸得掉對方的力量。不頂才不會挨打，不丟才能打人，不頂對手力量大時卸得掉，不丟才知道對方在哪裡，才打得到。

以前看野台戲是很熱鬧的，戲台前面擠滿了人，王晉讓師兄弟為了要擠到台前看個清楚，就跟在謝功績後面往前走，謝功績不用手只用身體的化勁，鑽啊鑽的就把人家分開，就進去了。王晉讓先師一百八十幾公分的身高，跟在後面一點阻攔都沒有。

對太極拳來說，小個子一樣都是能化的，太師祖楊虎個子又矮又瘦，他的弟子謝功績又高又壯，楊虎兩個手指捏著他的手腕，謝功績一想動，楊虎一個勁，謝功績就跪下去，不往下都不行，太極拳是不分高矮胖瘦的。

## 蓄勁不能氣滿氣脹，發勁是瞬間快速靈動

「蓄勁」和「發勁」是相連的，「蓄勁」較慢，「發勁」則會在一瞬間，利用全身內外配合的旋轉力把「勁」送出去就是「發勁」。太極拳的所謂「蓄」，放鬆就是「蓄」，人在那兒一坐渾身都放鬆了，不用一點力就是「蓄」。太極拳的「蓄」就是納氣時不能有氣滿、氣脹的感覺，渾身不能有吃力的地方，當蓄勁蓄到恰當時全身配合，一擰腰往下一坐，就可以把「勁」發出去，當然轉換當中必須要有摺疊，一個摺疊的動作，恰當時機，一個壓縮就會有一個氣爆足以「發勁」，手、腳、腰胯同時配合，「勁」就會瞬間發出去。

「『蓄勁』如拉弓，『發勁』如放矢。」「發勁」要快，「發勁」不快「勁」就產生不出來，且要注意「發勁」要發在骨髓間，「勁發」就如蜜蜂、蒼蠅瞬間起飛，快速靈動幾乎沒有看到他們有預備動作，且「勁」要練到招招發「勁」而不覺得累，行氣要緩，落腳要剛。一到目的地「勁」就出去。

「勁」就像水一樣，要壓縮到很細小，快速的噴射出去才能傷人，慢速的東西不容易傷人。快速的東西再小也能傷人，但要注意出手的時機，摸不著不發，在自己將倒未倒之際發。

陳應德師祖在王晉讓老師家教拳，有一天吃過晚飯，坐在靠近倉庫旁的空地，喝了一點小酒，一時興起想和徒弟玩玩，他坐著用一條腿和徒弟們過招，攻擊他的只要被他粘上，他用一條腿就可以把人摔

到旁邊的米包上去，看到哪就把人摔到那，王晉讓老師說：「忽雷架什麼都有了，不用外求，包括千斤墜、輕功都有了。」王晉讓老師有次拿一張草蓆，約四呎寬六呎長，裹在身上腳不打彎，一躍，人就躍出草蓆外。

謝功績祖師有個徒弟叫「紅毛」落草當土匪，有次返鄉槍放在跟班的身上，鄉衛看到要抓他，他跑到祠堂用輕功一躍，上到祠堂裡匾額的後面，那匾額是用兩條繩索吊著，下方用凳靠著，他跳到後面躲著時，隨後跟進來的人看不出一點痕跡，也就是連一點灰塵也沒有掉下來，找不到他只好在出村莊的橋下等他，在他騎馬過橋時用槍打他，槍一響就看到他翻身下馬，手上已拿著以前人稱「盒子砲」的手槍，指著鄉衛說：「要命就不要找麻煩。」

有一年過年，徒弟向楊虎師祖拜年，在烤火時有一陝西神拳，門下有三十多個徒弟也去拜年，陝西神拳當時的功夫，一拳可以把牆打出個「窩」，楊虎師祖就叫神拳坐他身旁的炕上，謝功績祖師臉色就不好看，陳應德師祖也不太高興。神拳走了後，楊虎師祖把謝功績祖師叫來，面對面右手三指捏住謝功績祖師手腕說：「我這樣你就過不去（也就是閃不掉）。」謝功績祖師不服氣說：「我這樣過不去？」話還沒說完，就被楊虎師祖嚇一下，以右手三指捏住手腕之「勁」摔倒在地上。

# 第四篇

# 趙堡太極拳忽雷架用法

本套拳架由七十六招構成一套，每一招又由多式構成。爲了方便學習，每招有多幅圖片詳加說明。

# 1 太極起式 Tai Ji Qi Shi

身體自然站立，兩手自然下垂，左腳向左橫跨，兩腳與肩同寬，兩腳平行，不可外八及內八，思慮放淨，心存敬意。

欲開必先有合意。在雙手分開之前，微微向內輕合，不可太過。身子往下沉，把手腳慢慢壓分開，腳掌開時，內掌接地，外掌微張，外虛內實，便於滑行。

將手腳開滿，但不可太滿，再慢慢往內合。若手腳開太滿，腳僵手硬，重心不穩，變換不勻，呼吸不均，走勢不順。

手腳從左右往內合，雙手在膝前由下往內捧起。

身體由上往下沉，雙手落在胸前，手腳、四肢由外往內纏絲。外形骨纏肉鬆，上身盡量下沉，內骨扣住，意勁蓄滿待發。氣不能停，勢一停馬上引爆內勁，承接下一式「掤」勁發出。

**Tai Ji Qi Shi**

Begin in a standing position. Back is straight, knees are slightly bent, and hands hang loosely at sides. Simultaneously, begin to slowly bend the knees and raise elbows. After raising elbows, start to bring hands around. While bringing hands around, hands open so that palms face slightly upward. Once hands are positioned in front of body at about chest level, close hand position. (Note: While hands are brought around, knees should continually be lowered.)

**掤**：面北十二點鐘方位，將身勢轉向十點鐘方向，合在胸口下方的雙掌同時隨身勢向同方向掤起，停在齊眉的高度，在轉承之間同時引爆腰勁。意念假設敵方用拳朝向自己頭部攻擊時，立即舉手發勁掤住來勢，伺機而動。

「掤在兩臂，掤要撐。」掤勁是太極拳的基礎功夫。掤勁處處有、時時有，是沾、連、黏、隨的根本，屬於活勁，不得解爲不讓或硬頂。

**捋**：右手掌背貼著敵來之勢，左手端著對方的肘，不頂不抗，順勢近身化捋。王晉讓先師曾說：「與人搭手，要一手看手、一手看肘，聽著勁，跟著勁的來勢方向而作變化。」手是兩扇門，經中說的「左顧右盼」，意即用雙手的聽勁看好門戶。

「捋在掌中，捋要輕。」捋有順對方來勢轉帶引導，使其在不知不覺中落入陷阱，無法自拔之意。常言：「順勢借力」、「引進落空」、「四兩撥千金」就是捋的作用。

**擠**：走勢未盡，右手反掌扣腕，左手輕貼敵方肘關節，坐後腿、虛前腳，擰腰、意勁蓄襠內。當敵方來勢往己身前進時，立即拿腕採肘，聽著敵勁蛇行前進，伺機而發。

「擠在身臂，擠要橫。」擠有逼迫搶位之意，使對方失去平衡而栽跌。在擠法中應處處走螺旋，使對方在接觸點上遇到螺旋擠勁而使重心偏移，身不由己的被發跌出。

**按**：按要正沖，不正易空。當來勢捋盡，對方抽身之時，順其退勢擠出。當對方根斷身浮時，立刻快速將按勁發出。捋按勁發出時，同樣是右手拿腕左掌按肘，意勁蓄腰、襠合住。定勢時，肩與胯合、手與腳合、肘與膝合，尾閭中正，頭領住勁，意勁蓄存背部，準備含胸拔背、提膝，承接下式。

「按在腰攻，按要正沖。」接者擠勢之後，氣沉丹田，擰腰坐胯，形成周身整勁。聽著時機一到，根節動、中節催、梢節發，使敵騰空跌出。

**起掤勢**：提膝虛腳，拔背含胸，頭向上領住勁。若要左重左虛、右輕右實，則不能平衡身形，必須靠頭上領、背勁上拔，才能將左重換到右邊，使中心回穩。左手與右手間隔，必須時常保持敵方手與肘之距離，不可太遠。如果看不住敵方的手與肘，門戶就有漏洞，容易被敵攻進身。重心不可先移至右腿，必先提拔領起，再換到右邊，這樣才能練到內勁。

提領、拔三勁。

**蓄捋勢**：轉身，提膝過腰往內合，護住下陰，防敵撩陰腿與頂膝。勁放在腰，意在雙手採拿，右肘防敵由後近身。抬腳目標鎖住敵腿、膝關節與小腹。

拿腕採肘，轉身迎面肘，腳蹬腹與膝。

**落採勁**：外形目標鎖定後，腰內勁蓄滿，一翻肘，身子急落。纏絲勁趁勢下落時，往內一裹，由內而外發出，腳隨落勢蹬出。「落」勢速度要快，破空之勢一閃即過，使敵來不及承接；「沉」勢要穩，要均勻不急躁，有千斤之重感，使敵承接不住。

「採在十指，採要實。」採即抓拿、擒制敵方的手法。「採在十指要抓牢，其用就在把擰中。」採拿法即爲使之超過敵方關節的正常活動範圍，使其關節反走，產生劇痛， 身僵滯、欲動無力、身不由己。輕者跌出，重者分筋錯骨，扯裂其關節，訣曰：「直中求曲採法精。」拿者不可亂用，有傷福報。

**臥虎**：此勢待蓄，準備攻擊之前的動作。左手掤，右手備擊，左腳向前問路，後腿備膝待攻。

低身下勢，形同臥虎，不懷好意，伺機而動。

**擰起**：前哨左手輕掤對方三成勁，不可架開對方來勢，只需讓對方進攻之勢減緩而不阻。前腳撐地，擰腰，後腳上蹬，膝手同時上攻。手變拳上打膻中，後衛腿變膝頂下陰。

上打膻中下頂陰，身落膝起上下合。

拳膝盡出，無人落空，勁斷意不斷。順勢繼續往上提起，整個身體重量交給左腳，因重心偏向會不穩，故頭需意領，左腳支撐。此時腳掌心為了平衡，會做很微小的變換虛實。

擊出落空，勁斷意不斷。

**震腳**：上招往上勢走滿後，左腿膝關節形同軟腳，使身體下落，右腳跟著地，但腳掌不可翻起，只能虛著而已。右拳落在左掌中合住，意念帶著全身上下、左右往內纏，並往下一起落下合住。不可太直，太直會產生上彈後座力，易傷腰、脛關節。餘勁由雙腳腳底散出，再加上周身放鬆，即不會受後座回勁所傷。

「震腳」發出之聲似「痛」聲，彷若一顆大石頭掉落沙坑發出之聲，是悶聲，為整合之勁，

會使全身放鬆，迴盪震動，對身體有調節之功，故聲越大越好。若發出之聲似「帕」聲，則多爲腿、腳之力，易傷腳踝及膝關節，下落之力越大，傷自身越烈。

## 金剛搗碓要訣

| | |
|---|---|
| 外形用法 | 上步出手金剛掌，上下八法勢中藏，<br>連環去肘扣搬攔，搗心頂襠跺腳面。 |
| 內意用法 | 掤在兩臂要圓撐，捋在掌中走螺旋，<br>擠在身臂滾肘抖，按在腰攻步隨前；<br>根節一動梢節發，中節齊到力增加，<br>周身內外一氣貫，方得太極真諦傳。 |

### Jin Gang Dao Que

Rotate torso to face towards the left. At the same time, shift body weight back onto right leg. Raise hands to face level. Palms face downward. Shift hands into "palm" position. Rotate torso to the right to face forward. Shift weight even further onto right leg. While shifting weight, pull hands inward towards chest. Simultaneously, bend knees and push hands downward.

Raise left knee and circle in a clockwise direction. While circling knee, pivot on right foot about 45 degrees to the right. (Note: Hands should also circle with knee.) Lower right knee and slide on left foot into the "crouch stance."

From "crouch stance" shift weight forward onto left leg and thrust forward with right knee, make a backward circle with right knee and finally land in a standing position. While knee makes a backward circle, right hand (in "fist" position) simultaneously circles under and back over a still left hand (in "palm" position). Finally, after completing circle, right fist lands on left palm.

# 3 懶扎衣 Lan Za Yi

接上式，全身合住勁，意如右邊有敵擊來，右手及身向右翻起，同時內勁也隨勢發出掤勁，以接敵攻勢。閃過拳鋒沾上手臂後，伸臂變掌，纏繞敵之手臂。

兩手均走弧形：右手沾敵手臂，粘住帶採勁捋回左胯旁，再隨勢走上弧落在心窩前，保護上盤頭部；左手走下弧，落於太陽穴旁，保護中盤身子。右腳同時發寸勁，剷敵前腳跟，再隨勢拉回落在左腳旁。左腿支撐全身重量。兩腿合住保護下陰。

右腿虛領畫弧，隨腰胯轉圈向右前方滑出。右手走弧形落至鼻前之高度；左手走弧形落在左胯之下方。全身在落定瞬間，周身同時發出纏絲擰勁，由右手掌心發出，以將近身之敵擊出。定勢時，前腿弓後腿撐，目視敵方，鬆身坐胯，伺敵動靜。

## Lan Za Yi

(1) Shift body weight onto right leg and raise arms into the "backhand punch" position.

(2) Lower hands and shift body weight back onto left foot. With the right foot, "draw a half circle" behind the left foot. After drawing half circle, right foot will be right beside left foot.

(3) With right foot, slide to the right and lean to the right. Hold left hand at left side and hold right hand out in palm position at 2 o'clock at head level.

勢往後坐，勁往襠落，左、右手往下切分勁，吞食敵來之快速按勁。前腳掌虛起，後腳掌踏實。

◒ ◒ ◒

下切勁、內吞勁、左右分勁。

雙手順上式纏繞至耳際，雙腳由外往內纏繞，將勁合在腰臍間。

**藏龍**：勁蓄滿後，由後往前緩慢推擠出，手掌沾上敵身粘住，上下左右聽著敵勁，蛇行拔根。當雙方距離極近時，若發現敵勢欲做轉換，掤勁一斷，不用擠立刻將按勁發出。

◒ ◒ ◒

氣勢盤龍蓄！

掌中按勁在敵方根斷身浮，敵勢尚不及轉換之際，瞬間吐出。按出時，身往下落、肘不過膝、前弓後撐，使敵方後倒之時，不能順勢將自己捋出。

◔ ◔ ◔

前吐勁、下沉勁。

### 「藏龍」、「臥虎」釋名

| | |
|---|---|
| 藏龍 | 是比喻拳勢像蛇盤蓄，蓄勢待發，架勢較高，下盤穩，纏絲勁蓄滿在腰間。 |
| 臥虎 | 是比喻拳勢像虎潛伏，蓄勢待發，架勢較低，腿、膝備擊，纏絲勁亦蓄滿在腰間。 |
| 兩者皆非拳架招式，而是以退為進之姿，蓄而待發之勢。故與敵交手時，若見敵有此氣勢，切不可躁進。 | |

### Liu Feng Si Bi

Bend knees slightly, and whole body descends in unison. Lower right hand so that it is next to right hip. Circle hands up and around until they are at about head level. Then pull hands downward. Once hands are lowered to about waist level, shift to the right into the "side bow stance."

# 5 單鞭 Dan Bian

有敵當胸按來，或由上往下打來，由前六封四閉之定勢立刻由下往上掤起，接住敵之來勢。但不可將來勢掤開或掤掉，只需將其往自身接引過來，待敵之手攻到胸口將發勁之時，順敵手之按勁往後移身，承接下勢。

雙手手臂接住敵之按勁，捋到胸前，抽前腿往後走，後腿配合墊步，騰身瞬間退步，使敵按勁落空，敵身前傾。此時自己全身已合住、蓄滿襠勁，待機而發。

聽著敵勁，根斷立刻擰腰坐跨，先擠使敵失去平衡，待摸到敵之頂勁，立刻沖按發出。按出之勁由下往上發，使敵拔根跌出。注意按勁不得由上往下按，否則敵可退步坐跨吞掉按勁，並以捋按回擊。

敵往我胸下按來，我左手看著其右手，右手摸放在敵雙手腕上聽著勁。待敵勁進來時，我順其按勁往後坐跨，全身寸勁瞬間往下切斷敵勁，引其勁往腹下滑空。右手由摸肘變手腕纏繞敵右手腕，順勢採拿，同時右腳封住敵往前之路，使其受阻摔跌而出。

雙手畫圓護上、中盤，轉身過門，雙手採拿蓄勢。

前刀後刁，雙採拿手成勢。前刀手立掌，沉肩墜肘，腕與肩平；後刁手沉肩墜肘，鉤腕與肩平。前腿蹲、後腿蹬，眼注視前掌指端。

**Dan Bian**

Raise hands and then pull hands inward towards chest. Take two steps back, first with the right foot and then with the left. By shifting body weight and rotating torso both to the left, shift into the "dan bian" position.

**掤**：面向九點鐘方向。當單鞭勢子一定，往下沉的氣勢還未停之時，意聚腰胯、丹田，身、手配合沉勢。接著丹田之勁由外而內爆發，帶動雙手上掤，並使胸腔迴盪的頻率送到全身上下。

**捋**：右手翻掌，看顧敵右手拳或掌；左手輕端敵之右肘，並用右手小指聽敵之消息。自己兩手貼著敵手與肘，不用力，跟著走叫「隨」；抓著敵手，用力往後拉叫「捋」。一般都是先隨後捋，避免敵一聽著捋勁，即上步隨勁走化，功虧一簣。

**擠、按**：當敵方力道走完備回之時，立刻右手扣腕、左手翻敵之肘，拿採敵方。如敵右肘抖化掉自己的左手掌，立刻用橫肘按著敵右手上臂，用右手捌拿著敵之手腕，向前下擠、按送出。

**起掤勢、蓄捋勢、落採勁**：如敵化過肘採之危，並低身插襠，往懷中進身，打背折靠，自己立刻提腕端肘往上走，提膝過腰，並蓄勁前蹬敵肋骨。因敵進身插襠，右手又被提高過頭，門戶大開，所以自己提高之腿若隨身蹬下，則敵之膝關節將有踩腿之傷。

**臥虎**：踩蹬落空，順勢下落，臥虎蓄勢。左手腳向前探路，做擰起時支撐身子之用；後右腿蹲伏，做起身蹬勁之用。右手沉肩墜肘備擊，目視敵方勁蓄於腰。

**擰起**：左手向前輕掤三分，不可驚動敵勢改變。瞬間後腿蹬起，以擰腰勁將身子送出，手、膝配合身子出拳、頂膝，同時擊出。須在敵來不及轉換時到達，才能達到制敵效果。擊出時身往下落，膝往上起，襠勁由外往內纏，方能有強大合勁擊出。

**震腳**：出手落空，身勢隨拳勁繼續往上提走，往內吸氣蓄勁。當身子高到氣滿，以鼻尖到肚臍爲中心線（俗稱子午線），左、右兩邊的手與腿，在意念上作雙向往內纏絲，快速落下，是爲雙落單響的「震腳」。腳落地之聲要沉悶，落勁以纏絲勁往內落下，由雙腳跟離心力而出，不會反彈方可。

## Jin Gang Dao Que

Rotate torso to face towards the left. At the same time, shift body weight back onto right leg. Raise hands to face level. Palms face downward. Shift hands into "palm" position. Rotate torso to the right to face forward. Shift weight even further onto right leg. While shifting weight, pull hands inward towards chest. Simultaneously, bend knees and push hands downward.

# 7 白鵝亮翅 Bai E Liang Ci

以上招「金剛搗碓」落下之勢，雙手合抱胸前，氣存丹田、意存腰胯及右手拳上。若敵從右側擊來，丹田由左而右引爆，周身隨右拳快速向右翻出。

右拳掤住敵右手臂，由外向內纏繞，將敵之右腕繞到自己左手。右手抓住敵右上臂，向自己懷中捋來。當敵貼身要打迎門靠之時，瞬間將自己右膝提起，作防靠及頂襠之用。

如右拳纏繞敵右手時，被抖掉沒拿住，敵想退兵之時，自己雙臂黏住敵右臂，由下而上掤起拔根，敵退我進，此時沾、連、黏、隨（沾連者輕掤不放；黏隨者，緊跟不丟）全用上。承接下勢。

當敵身起根斷，腳尚未退後承接後退之身時，雙手會捋抓自己雙臂，此時來個順水推舟，摸著敵胸由下往上拍出按勁，讓敵還來不及抓到自己雙臂時，便已被拔根跌出。後腳隨著雙手一起由後左往右跟進，手起身落，力由脊發。雙手護住頭、胸，屈膝坐襠有護下陰之用。雙手不可過高，過高胸前會有空門，胸腔之氣易走散不聚。若氣散被打著易受內傷；氣凝聚時胸腔內有抗壓，被擊著只受外傷。所以出手後，周身最好合住。合也是蓄勁，能蓄就能發，書上講「一開即合」作用就在此。

## Bai E Liang Ci

Step back with left foot and raise hands. Simultaneously, step back with right foot so that it is right beside left foot and lower hands down next to left hip. Slide forward. Right foot slides first and left foot follows. During slide, raise hands outward at chest level.

## 8 摟膝斜行 Lou Qi Xie Xing

當上步用雙掌欲打「白鵝亮翅」按勁時，若敵方退步之腳已先落地，承接走化；而敵之雙手也已由上翻下，端拿我雙肘，續往後捋。我即將按手變左、右，分拿敵上臂，往下急拉，上右腳、上提左膝頂襠。雙手下捋，左膝上頂，內勁由外往內轉，打個上下合勁。

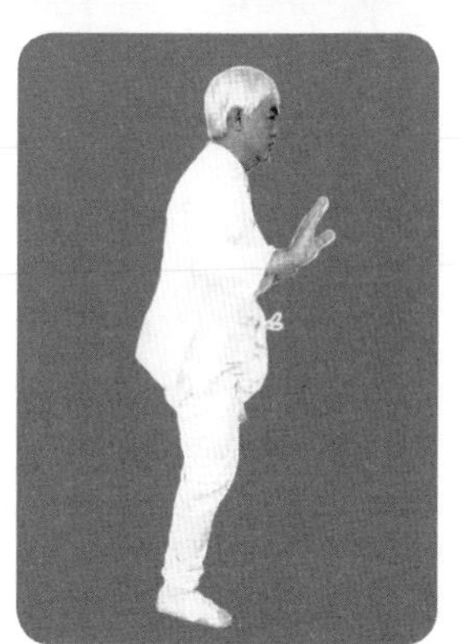

當敵退步步伐較大，並端著自己的雙肘向上托起，隨即承接身勢，借著捋我之重量，以撩陰腿踢我下襠。我雙肘往下坐，雙掌合回，由內往外翻出，分端敵之雙臂，並提上膝腿承接敵之撩陰腳，勾住敵踢來之小腿，由內往外畫出。

此時自己的左、右手腳都已分開，全身門戶大開，沒有防守，遂立將分開之手腳由下往上領回到中央。防守之勢上護頭、胸，下護陰。此時敵會再上前用其雙手來抓我之手腕，其後腿會由下往上踢，我可將雙手往下翻，隨身來個坐勁，化解敵之雙拿手。身下落時並將上提之腿往下接敵之踢腿，隨落勢往左劈開落下。

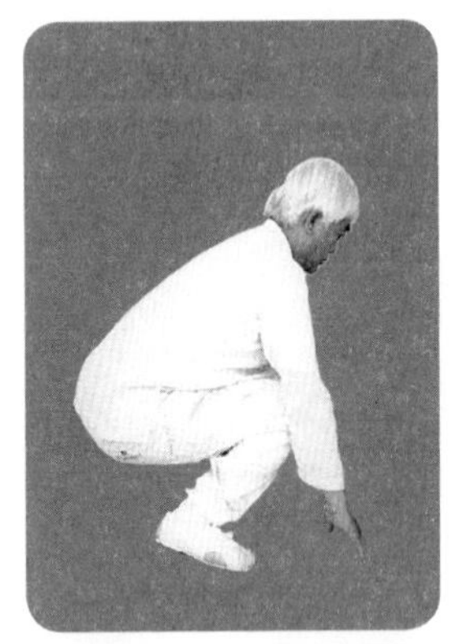

若敵閃開我左腿，轉身到我左側，扣腕拿肘，以「倒捲肱」來捋、採我左臂。此時立刻順敵之捋、採，往敵之懷中貼身滑進，將自己肘關節用寸勁抖化掉敵之手勁，滑步近身，以側身靠或背折靠，甚或以轉身上步「高探馬」來擊敵。

承上勢，身落在右腿，左腿劈開，勢像犁田的斜行步法，將敵由下往上剷起，才能貼身打「靠」；左手被拿彎曲後，用右手才能幫上忙，可打敵臉或胸，也可端敵之左肘，將敵翻出。

**Lou Qi Xie Xing**

Raise left knee. Simultaneously, both left knee and hands circle together upward and around. Lower left foot to the ground and slide out towards the left so that you finish in the "side-bow stance." Left hand should be in "hook hand" position, placed next to left side, and right hand should be in "palm position," held up and out at about face level.

# 9 初收 Chu Shou

右立掌背掤接敵右拳，隨來勢拿住敵右手腕，自己左手由後往前接敵右肘。因當反手拿住敵右拳，並往自身後捋來時，敵會藉勢以迎門肘、穿心肘或側身靠等來攻擊，故左手上前端敵右肘，配合右手則可翻肘、採拿敵之右臂。

右手扣敵右手腕，左手按住敵右肘，往下可採敵肘關節，往前可將敵向前推出，或用寸勁按出。此勢爲蓄勁待發之勢。

腰間勁蓄滿，雙手聽敵是否有頂勁。當摸著敵之頂勁時，腰中一擰，雙手配合腰發之寸勁將敵按出，右腳向後擰鑽貼地畫弧掃出。若右腳有擰鑽勁掃出作爲保護，則向後移動的過程不會產生空檔，不致讓外力侵入。此勢也是刺槍勢。

將敵推出後，立即將推出之按勢由前往後收回。在收之前，身勁往前腳下壓，反蹬往上送出；頭往上領，身背勁由前承接往後拔起。定勢時將身重落在右後腿，承接踏實。左前腳虛，坐胯合襠，雙手護前，眼視敵之狀況。此勢用含胸拔背勁，丹田勁由外往內捲放，爲待敵前來之備戰勢。

**Chu Shoui**

Shift body weight to the right and while keeping most body weight on the right leg, circle hands clockwise starting from left side. Hips should also circle with hands. Right leg steps back. Hands are held out front (palm position) in a defensive position at about chest level. Left foot steps back. After left foot lands, make sure you are standing on the front parts of both feet. Heals should not be touching the ground. Both hands are in palm position. Right hand is brought in close to body at stomach level, and left hand is held out at about head level. Also, make sure that knees are quite bent and body is low.

# 10 摟膝斜行 Lou Qi Xie Xing

當「初收」勢剛落定，敵拳又追打過來，我左、右手由下而上掤住敵雙臂。

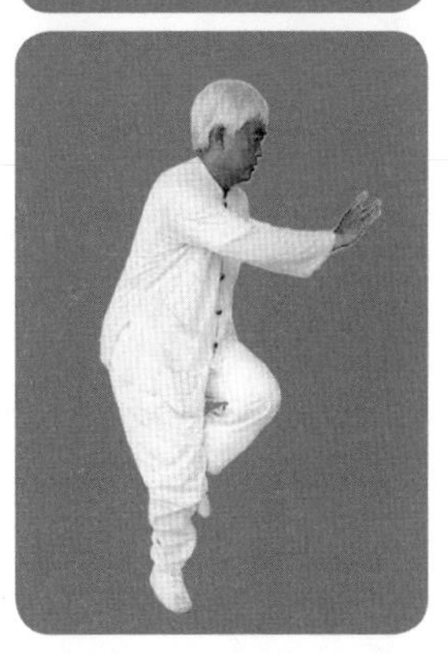

再由左而右抓住敵左臂往後捋。敵被捋時在跌出之前會提左膝頂襠，或以被捋之肩、臂上步打迎門靠，敵之左腳也可能順勢來鏟掛自己的左實腳。此時應立刻提膝、坐腰胯以防護下陰，上盤左手抓敵左臂，右手拍送敵臂背，往己身左側方捋出。爲防自己被敵撞上，立即擰腰、閃身提腿過敵。

左腿尚未落地，左側前方又有敵以右手持短刀近身朝腹部刺來。自己右掌向左接過敵有刀之手向左推出，左掌向敵右臂由上往下、由內往外掤開。

左腳落在敵前腳外，管住敵右前腳。

自己右手回來領後右腳往前跟步下落，右手打敵迎門靠，這是身子由外往內纏的裏勁。

我之靠勢尚未打出，右臂已被敵掤、捋、拿、採，此時我右臂往下隨敵之捋、採急落來化之。等敵採勁落空，勁道走盡而未斷之時，己勁立即由肩根節往上帶出，反手拿敵右腕往上捲，左手端肘往上催，並順勢將左膝提起，預備換到敵腿內側落下。

如我舉手提膝時，敵雙手拿我雙腕，我即用十字手往內翻下來化解，落身往下劈腿。此勢需防敵用「青龍探海」勢化解。敵趁我往下翻時，用抖擻勁由內往外彈開，斷我的左腿跟勁，同時借我下壓之勁，敵身急落使我往前跌出。

雙臂由下往上翻起，左手背後翻起偷桃，右手往胸前翻起打迎面掌。

**Lou Qi Xie Xing**

Stand up and circle both right and left arms. Raise left leg and pivot on right foot about 45 degrees to the right and place left foot beside right. At the same time, raise right arm and right leg… Raise left leg and (as in step 9) circle knee and hands outward, up and around. With weight nearly entire on right leg, slide on left leg down into crouch position. From crouch position shift body weight to the left. While shifting body weight to the left, hands simultaneously circle back and around. In hook position, place left hand next to left hip (fingers pointing upward), and in palm position, hold right hand out in front of body at about head level.

# 11 再收 Zai Shou

右手再接敵劈面掌，轉腰跨、發襠勁，送至右手梢節，彈發敵之迎面掌。再翻掌扣拿敵手腕往身後挒，我左手立端敵右肘，將敵往自己懷中挒來，並反採敵肘。

若敵急上右步，落身滾肘來化左採之危，或進身打背側靠，我立刻雙手拿敵手，蓄勁於腰跨，意念置於雙手及右腳掌，腰勁引爆，雙拿手向前按出，同時右腳反打掃堂腿。定勢形同刺槍勢，手腳前後對撐。

按出之勢一成，勁立刻由前腳提起，頭往上虛領，含胸拔背、勁由前往後提、收回。身下落，勁合住，待敵備戰勢。

**Zai Shou**

Lean to the right side. Hands circle around from left to right. Step back with right foot. In palm position, hold left hand out at about shoulder level and hold right hand close to body at about chest level. Step back with left foot.

# 12 掩手肱捶 Yan Shou Gong Chui

左手掤接敵擊進之右拳，往身後走化。右手立即接敵跟進來之右肘，也往後催捋，承接下式。

順著敵之攻勢往身後走化，並快速往左方發捋、擠、按、靠等勁。敵可能順我之捋勢，提膝頂襠或以腿掃、掛、鏟等勢攻我左腿，所以我必須配合雙手往左邊捋按之時，提膝坐襠、轉腰偏沉，閃身過人，順勢打左側身靠及盤肘勁。同時右手護前，防敵來襲。

當起膝擰腰，閃身之時，若又遇敵來襲，隨即左手由身後領腿向前，胯步掤接敵之按勢。右手握拳，身坐後腿下沉。拳勢展開，氣往內斂，勁蓄腰間待發。

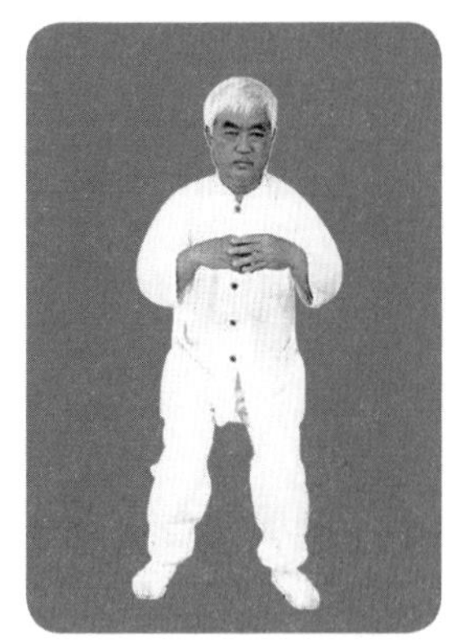

右邊蓄滿勁，左手臂橫在胸前，掤住敵攻來之雙按勢。當敵之按勁被引，勢開勁散之時，我後坐蓄滿之勁突然迎敵而上，與敵相合，掩手捶由腰間應身而出。

### 蕭老師的話

「引進落空，合即出。」
敵勁按出，我用手臂以「掤」來接對方。當手臂掤住敵勁，不可頂，立即引化。能不頂、不丟，始能言「化」。身退步不退，將敵「引過」（敵肘已過膝）即可。當敵勁落空，蓄勢已開、勁道已散，我由前哨退成之後衛（前、後手腿關節已曲合在一起），立即用偏沉身法引發腰勁，打出捋、擠、側身靠、盤肘等勢。

### Yan Shou Gong Chui

Step forward with left foot. Then, step forward with right foot, placing it about shoulders width apart from left. Once right foot is placed on ground, simultaneously push forward with hands and bend knees.

# 13 金剛搗碓 Jin Gang Dao Que

若上一招最後一式的掩手捶擊被敵由下往上端住，我雙手肘被制，力道發不出。隨即順勢翻雙掌往下，由按變捋敵雙手臂，往後捋來。同時提膝往上保護自己下陰，亦可攻擊敵之下陰。勢成雙手往下捋，膝往上頂，由丹田發出上下合勁。

如敵雙手勁鬆開，下盤腿往內插襠，暗進右腳，並由掤勁變擠勁往我身靠近。我立即雙臂由外往內畫圈來扣其雙臂，下盤也和手一樣由外而內畫圈來勾敵腳，使其下盤腳根不穩。

敵如退步，我沾、黏、連、隨跟上，手、腿畫圈擠敵，使敵退步不穩、腳浮跌出。

配合左、右手腳畫圈之勢，腰勁蓄滿。當敵想用頭撞頂自己胸口時，迎身上步，雙掌由外而內變拳，對準敵頭部左右太陽穴位置，擰腰、全身上下纏絲，快速下落，左、右雙拳合勁擊出。

**Jin Gang Dao Que**

Simultaneously, step forward with left leg and cross left and right hands. Step forward with right foot and place along side left foot about shoulders width apart. At the same time, while stepping forward with right foot, circle hands outward, up and around. Hands should circle as right foot lands on grounds.

## 14 撇身捶 Pie Shen Chui

承前式，合手之後，雙手隨著身子往右腿、膝慢慢落下，當雙手接觸到膝面時，丹田勁由下往上、由右往左圓形發出。同時襠往下坐，膝、手往上左畫圓，配合丹田勁一起走出。

承上式，這種畫弧動作用在敵攻擊我中下節部位時，掤、捋化敵來勢所用。

承上式，也可防敵從我身後摟抱時，提膝轉圈，彎身從左下腳急落，使敵從背後翻跌而出。

勢落左腳、開右腳，卸左肩、翻打右肩，背折靠及肋下肘齊出，成爲右上打、左下捽之勢。此勢右肘從左到右膝關節下通過，練七寸靠之勁。

## 蕭老師的話

王晉讓先師談此招勢時，曾交代此勢練時的重點：七寸靠上、右肘與右腿後、左腿膝關節下。勢往右邊邊走邊開，下虛上領，在襠開滿之時，身領著右肘往上一翻，七寸靠、背折靠一起發出。

先師說曾看見師祖楊虎練此勢時，身子對準梅花樁擦地畫出，用七寸靠勁將樁子從地拔起，騰空而出。

現在我的腳踝已受傷，終其一生已無法練出這樣的勁道。只有寄望後學有志之士，勤學苦練，以期重現楊師祖的拳勢風采！

### Pie Shen Chui

Raise right knee and circle in a counter clockwise direction. After completing circle, slide to the right into "crouch position." In "crouch position," right hand swings around behind right knee. In order to do this, body must be in a very low position and torso must lean quite far to the right. Left hand is straight and extends downward along left leg.

Straighten torso and face to the right, in the same direction as the right knee. Simultaneously, in fist position, raise right hand to forehead level, and place left hand against lower back.

# 15 掩手捶 Yan Shou Chui

左手臂如被敵一手扣腕、一手按肘，欲採拿我左手肘關節時，我左半身手、腳向下化去敵之按採勁，手、腳順勢向敵身滑進。左腿管住敵雙腳，左手肘由後向前，隨著丹田寸勁向下抖落敵之按勁，使敵向前跌出。

如敵已知我動向，立即向後撤退之時，我左邊之身隨敵之後退粘住跟上，並可翻身打背折靠、搗心肘。

也可上右手打掩手捶、進步高探馬、左式白鵝亮翅及摟膝拗步。

**Yan Shou Chui**

Shift to the left into the "side-bow stance." At the same time, hands circle counterclockwise from right to left. Hold hands in fist position at about chest level.

# 16 出手 Chu Shou

承上式，我打背折靠時，重量落在前方，身後又有敵持棍，由上而下從後背打下，立即回身用右臂掤捋化來棍 ，再用黏隨走化纏繞棍頭，棍頭勁走化完，雙手順纏繞勢抓住棍前端部分。

引進。

雙手抓住棍頭同時，提膝坐腰、上下合身，此時棍勁走完，也就是拳經上說的「引進落空合即出」，此式是引進落空合住待出之勢 。

落空、合。

承上式，下虛上領，周身合住勁，手中聽住對方勁想抽回時，順勢擰腰上步，雙手聽住勁向前擠出，當跨出右腳一落地時，腰勁也立即發出，這時敵剛好要退步，承接身勢，尙未完成很容易被突發之勁擊倒。

即出。

| 拳勢 | 引進落空，合即出。 |
| --- | --- |
| 拳意 | 尾閭中正神貫頂，滿身輕靈頂頭懸；<br>仔細留心向推求，屈伸開合聽自由。 |

**Chu Shou**

Shift weight back to the right and simultaneously circle hands to the right in a clockwise direction and twisting as though they are wrapped around a long staff. Shift weight entirely onto left leg and raise right leg. Simultaneously, pull hands inward towards body. While pulling hands inward, act as though hands are pulling an enemies staff inward. Slide forward on right foot into a low crouching position. Hands are held out at chest level.

# 17 肘底藏拳 Zhou Di Cang Quan

上式將敵發出，另有敵上步雙手按住我左手臂，往我身上推來，我身微往左側轉，右手順勢摸著敵右肘往身後捋來。

開。

敵被我捋化掉按勁，看我身勢也已合住勁，等我一發推出，敵也聽著我的勁，也順勢用右手拿住我左手腕，左手摸住我左手肘，順我的按勁，同時反捋我。

合。

大道通天，一人一邊。相同姿勢，他按我順捋，我按他順捋，一來一往在「八字法訣中」有（三換二捋一擠按）。剛剛一來一往已有二捋了，第三次敵再按來，我擰腰轉身變換姿勢。

起。

因敵捋我時，是右手抓住我左腕，左手摸著我左手肘。當我被捋時，左腳步隨左手滑出，可化左手臂被捋之危。此時左臂一鬆，左腳膝上提，下虛上領、含胸拔背，將自己左臂及敵之左手臂一起提回急速轉身，我右臂順著轉身之勢，來切敵左手肘關節，因無眞敵所以右手臂畫弧，弧落於左手肘下握拳。

☯☯☯

落。

聽勁：觸感靈敏

**十三式行功訣**

來勢凶猛捌手破，肘靠近身任意行；
起落進退騰轉走，慢中寓快須自明。

**Zhou Di Cang Quan**

Stand up from crouching position and circle hands backwards, down, and around. Simultaneously, circle hands once more in same direction, raise left knee, and pivot on right heal 180 degrees to the left. Place left leg along side right foot about shoulders width apart.

# 18 海底針 Hai Di Zhen

承上式肘底藏拳，正面來敵，手持短刀當胸刺來，我左步上前跨出，左掌也上前迎接，敵持刀手腕上，輕壓不撥開，隨敵力道向我身邊引來，此時我的右手右腳隨身向敵迎面跨出，敵進我也進，準備兩車相撞。

當敵短刀刺到我身之前，我左手掌將敵持刀手腕撥開，我左手掌翻腕，拿住敵持刀手腕，虎口向左身外捌出，同時右手掌已前探敵下陰，敵下陰被探，腰跨一定向後收，手被捌著不能退步，只能低頭彎腰，此時我可痛打敵迎門靠、穿心肘、穿澗掌等，敵無法還手，從捌手到打迎門靠，都要在一瞬間完成，慢了走掉。

此招主要下打穿澗掌，上打迎門靠。

**Hai Di Zhen**

Step forward with left foot while extending left arm outward and placing right hand next to left side. Then, simultaneously step forward with right foot while reaching down towards the ground with a straight right arm.

# 19 倒捲肱 Dao Juan Gong

吾師教我這一招時，說的比較多，直到如今我還叫不出內裡的感覺。從外形走架時，上盤左右手分別由後往前纏出，下盤雙腳往後騰跳，腳跟翻起要踢到臀部，而頭頂不可往上領起。

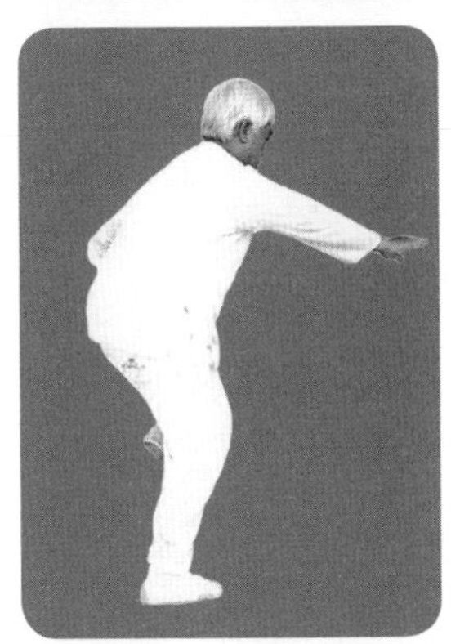

我問老師爲什麼要這樣練？他說此勢同二起腳一樣，當地叫提二氣，不用跳起來，跳起來時，腳掌及腿都得用力往上提跳勁，頭身往下落，這樣頭腳形成上下合。練提二氣時，是大小周天二氣催出來的勁。

包括上下左右圈及筋骨的纏絲，在一提氣同時完成。整個勢子走起來上下合勁，勁由腳底過頭頂，再落回腳底，勁走大周天，左右雙臂前後對撐，發纏絲勁，前手勁由指端出，後方勁由肘節出。

因爲勁是騰跳同時由腰內發出周天圓勁，所以勁在每個起落同時發到前指後肘，前打手後打肘，含胸拔背往後走。

## 祖宗的小故事

在師祖陳應德的年代，外傳有人批評本門小架走倒捲肱時樣子難看，跳來跳去像兔子扒地一樣，傳到陳應德及謝功績耳中，立刻前去理論，雙方請過拳後，對方一個上步插襠近身對準謝功績胸前，來個猛虎出山，謝立刻左手由內往外纏出，接對方右拳，同時左腳跟往後黏住對方右腳跟往後，來個抽絲勁，同時還他一個推窗望月，右掌往對方胸前推出吋勁。雙方一接手，對方當場送命，動作乾淨俐落。

聽老師說謝師爺性子非常暴躁，不好講話。

## Dao Juan Gong

Stand up and kick right foot backwards so that heal of right foot touches back end. Step back with right foot and repeat backwards kick with left foot. Step back onto left foot and kick backwards one more time with right foot. Instead of stepping backwards again with right foot, step forward with right foot and place ahead of left foot about shoulders width apart.

## 20 白鵝亮翅 Bai E Liang Chi

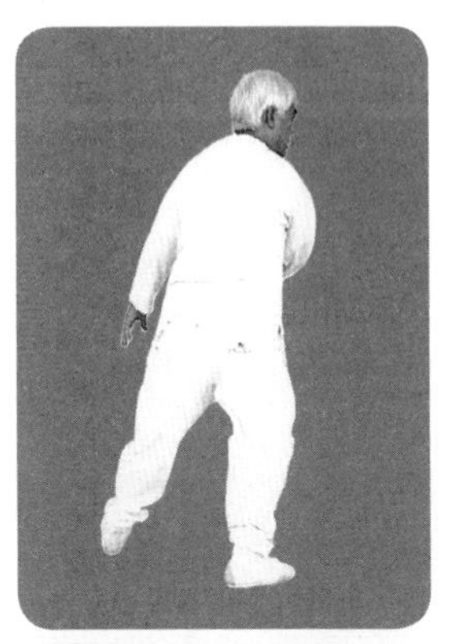

承上式倒捲肱，落在一個捋上，我捋敵按，我隨敵的按勁，側身走化來勢，使敵按勁落空，如敵落空跌近我身，我可往前跨步接打側身靠。

敵如已知我意，急速抽身後退，我雙臂由下往上隨勢掤起敵雙臂，我左腳後跟上，前右腳順敵後退之勢，再往前向敵身跨出，順勢按出。

右拳掤住敵右手臂，由外向內纏繞，將敵之右腕繞到自己左手掌，並扣住敵下腕。右手抓住敵右上臂，向自己懷中捋來。當敵貼身要打迎門靠之時，瞬間將自己右膝提起，作防靠及頂襠之用。

如右拳纏繞敵右手時，被抖掉沒拿住，敵想退兵之時，自己雙臂粘住敵右臂，由下而上掤起拔根，敵退我進，此時沾、連、黏、隨全用上。承接下式。

當敵身起根斷，腳尚未退後承接後退之身時，雙手會捋抓自己雙臂，此時來個順水推舟，摸著敵胸由下往上拍出按勁，讓敵來不及抓到自己雙臂時，已拔根跌出。後腳隨著雙手一起由後左往右跟進，手起身落，力由脊發。雙手護住頭、胸，屈膝坐襠有護下陰之用。雙手不可過高，過高胸前會有空門，胸腔之氣易走散不聚。若氣散被打著易受內傷，氣凝聚時胸腔內有抗壓，被擊著只受外傷。所以出手後，周身最好合住。合也是蓄勁，能蓄就能發，書上講「一開即合、作用就在此。

**Bai E Liang Chi**

Step back with left foot and raise hands. Simultaneously, step back with right foot so that it is right beside left foot and lower hands down next to left hip. Slide forward. Right foot slides first and left foot follows. During slide, raise hands outward at chest level.

# 21 摟膝斜行 Lou Qi Xie Xing

當上步用雙掌欲打「白鵝亮翅」按勁時，若敵方退步之腳已先落地，承接走化。而敵之雙手也已由上翻下，端拿我雙肘，續往後捋。我即將按手變左、右，分拿敵上臂，往下急拉，上右腳、上提左膝頂襠。雙手下捋，左膝上頂，內勁由外往內轉，打個上下合勁。

當敵退步步伐較大，並端著自己的雙肘向上托起，隨即承接身勢，藉著捋我之重量，以撩陰腿踢我下襠。我雙肘往下坐，雙掌合回，由內往外翻出，分端敵之雙臂，並提上膝腿承接敵之撩陰腳，勾住敵踢來之小腿，由內往外畫出。

此時自己的左、右手腳都已分開，全身門戶大開，沒有防守，遂立將分開之手腳由下往上領回到中央。防守之勢上護頭、胸，下護陰。此時敵會再上前用其雙手來抓我之手腕，其後腿會由下往上踢，我可將雙手往下翻，隨身來個坐勁，化解敵之雙拿手。身下落時並將上提之腿往下接敵之踢腿，隨落勢往左劈開落下。

若敵閃開我左腿，轉身到我左側，扣腕拿肘，以「倒捲肱」來捋、採我左臂，此時立刻順敵之捋、採，往敵之懷中貼身走進，將自己肘關節用寸勁抖化掉敵之手勁，滑步近身，以側身靠或背折靠，甚或以起身上步「高探馬」來擊敵。

承上式，身落在右腿，左腿劈開，勢像犁田的斜行步法，將敵由下往上劃起，才能貼身打「靠」。左手被拿彎曲後，用右手才能幫上忙，可打敵臉或胸，也可端敵之左肘，將敵翻出。

## Lou Qi Xie Xing

Stand up and circle both right and left arms. Raise left leg and pivot on right foot about 45 degrees to the right and place left foot beside right. At the same time, raise right arm and right leg... Raise left leg and (as in step 9) circle knee and hands outward, up and around. With weight nearly entire on right leg, slide on left leg down into crouch position. From crouch position shift body weight to the left. While shifting body weight to the left, hands simultaneously circle back and around. In hook position, place left hand next to left hip (fingers pointing upward), and in palm position, hold right hand out in front of body at about head level.

## 22 閃通背 Shan Tong Bei

**上掤**：承上勢摟膝斜行的落勢，前刀手後勾手。敵對我正前面部打來，前右刀手來接敵之右拳，一掤即捋化敵來勢，同時身後勾手變掌來端敵之肘，往右手捋勢推隨而去。

**上捋下掃**：敵隨我捋勢跟進，走化掉我的捋手，當我的捋手勁一過撩腳，勁已走完，對敵不起任何作用，立刻下壓敵手腕，上翻敵肘節，由上往下畫圈採拿敵手肘。

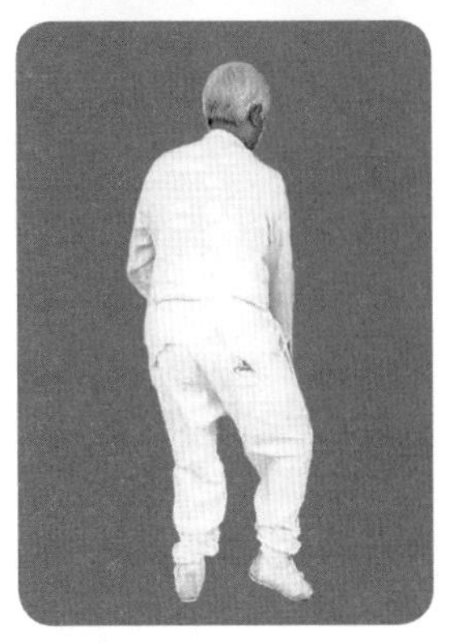

**落**：下盤右腳隨上盤手勢用圪顫勁，對敵前腳掃出，使敵前腳支撐勁失落而跌出。

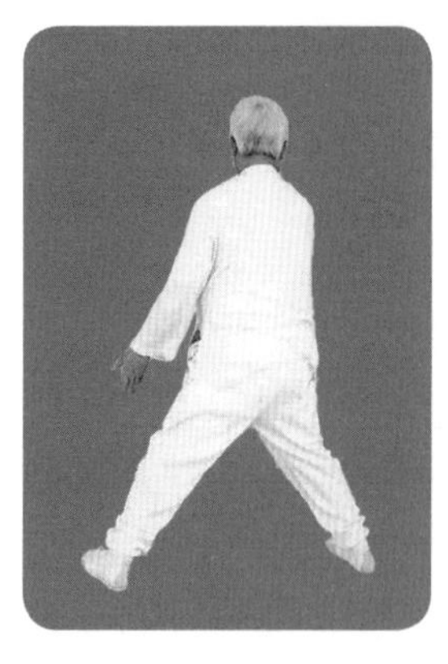

**側身靠**：雙臂纏過敵之雙臂，順勢上步打側身靠勁。

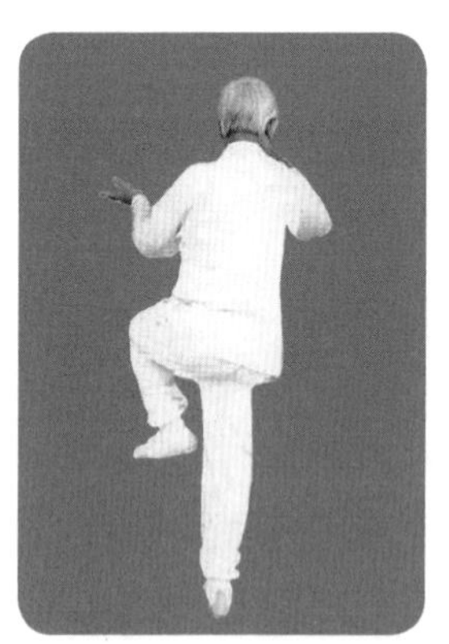

**端臂近身打肘**：如靠落空，雙臂再掤舉敵雙臂，向敵再進打搗心肘。

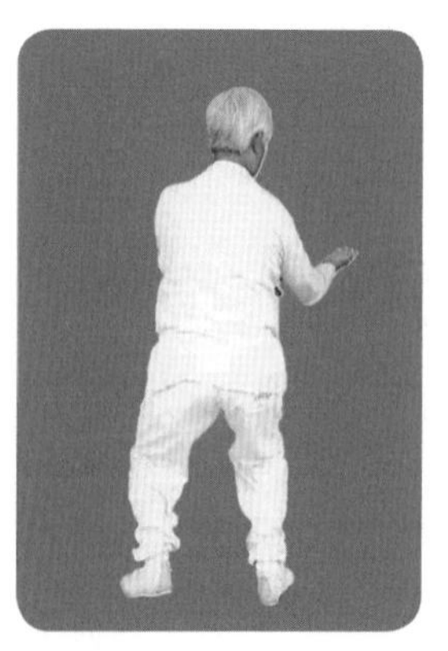

**蓄勢待變**：敵三次走化掉肘勁，兩次進攻落空，蓄勢待變。

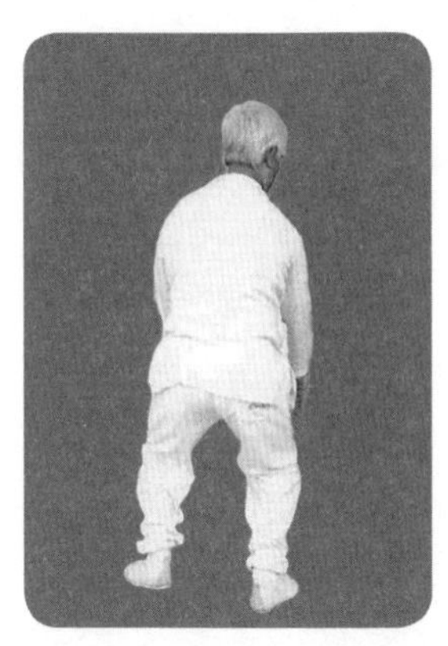

**雙臂往外掤化敵棍攻勢**：敵如用棍對我身上刺來，我用雙臂來掤住，側轉走化。

**大轉肱用雙臂將敵棍掤起**：配合敵棍刺來之勁勢，用雙臂掤住，身腳往後用大轉肱，邊捋邊退。

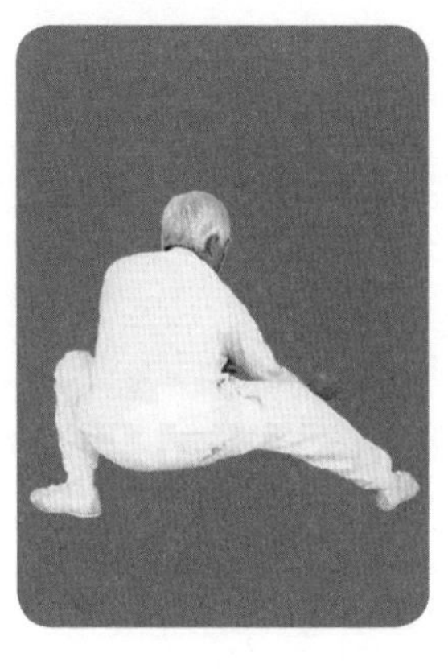

**雙纏反拿敵棍往下大捋用寸勁擰抖奪敵棍**：粘住敵棍用手臂由下往上，再往下纏繞，用大捋身法，使敵棍刺空，而我也順勢捋勢抓住敵棍，往身後捋來，而自己也全身合住勁。

**如敵手中棍被寸勁一擰抖，一鬆手，立即以刺槍勢反刺回去**：當敵捋來之時，突然拿住敵棍，向敵反刺敵身。

**前擦後蓄**：右手上撩，左手腳在後備蓄勁。

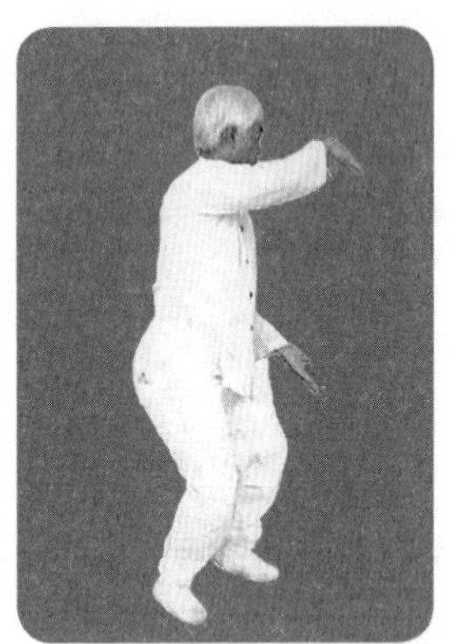

**上撩打下**。

**敵退手腳跟追**：遠走跟上步穿掌。

轉身打貼身靠。

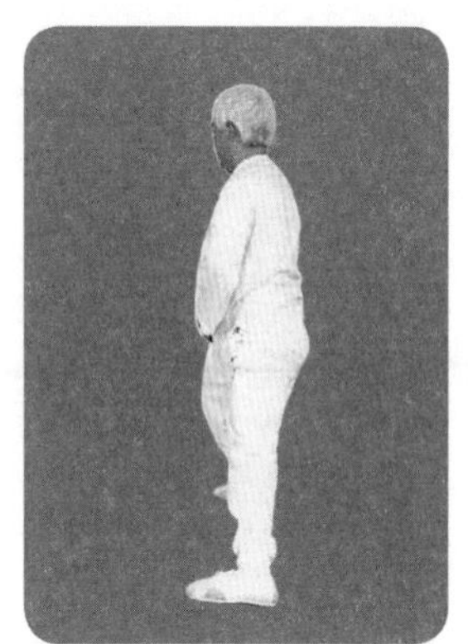

橫跨步近身打穿心肘。

## Shan Tong Bei

Shift to the right while circling hands outward from left to right. Stand up. Place right foot next to left foot and then with right foot side step to the right and shift into "lean to one side" position. Once shifted into "lean to one side" position, immediately shift all weight onto right leg and raise left foot slightly off the ground. Then, at the same time, circle arms in a counterclockwise direction to the right and shift torso to the right. As torso shifts, lower left leg to the ground and shift weight back onto left leg. Hold hands outward. Simultaneously, circle arms downward and back while stepping backward first with right foot and then the left. Shift weight back onto left leg. Step outward to the right with left foot and place hands in "hold-ball gesture." Simultaneously, place right foot alongside left foot, while placing hands on hips.

# 23 單鞭 Dan Bian

承上式，閃通背的落式側身靠後，到單鞭式完結共有八個過門動作。在還沒換式動步前，雙手臂先打個掤、捋、擠、按的絞勁動作。此圖是由右腿胯邊用寸勁往上掤起後，往左腿邊捋來。此式捋中帶擠。

如果左邊有敵被擠上，落胯就可打靠與肘。如果先被敵將我左臂掤住，準備擠、按時，我應立刻側身化對方按勁，變我來捋、按敵之落空身勢。

當我捋勢走完至右腿邊時，身往下合、氣往內聚，準備提膝、轉身往前。

**身形如鶴立、氣勢如搏兔**：從提膝、勢開，到轉身的過程中，提膝、轉身畫弧是膝部當掤勢用。所以此勢是右掤左化，蓄勢待發。

若敵勢往後撤退，我的提膝勢隨敵跟進，邊走邊開。當敵後退之勢一停頓，此時自己貼住敵身跟進的雙手應會感到抗力，隨即從腰間爆發蓄勁，隨勢按出寸勁，使敵跌出。

如果雙手跟敵時手已過膝，就不能再發寸勁。此時敵已走化了我的黏隨勁，並反向我跟進，回按我胸前時，我身立即向後，雙手由下往上，邊掤邊走化，連化帶引其進身來。

若引敵近身時敵已發勁，立即順其勁跳出，千萬不可抗頂。若引敵身時敵勢已走完，準備回勢後退時，立即往下坐身貼敵身、發寸勁，使敵退之不及而跌出。

如果敵按來的勁不是往上，而是往腰腹之下時，我可用雙手由上往下去掤化敵之按勢，並用我之右手去纏繞敵右手，而拿採其右手腕，使敵跌出。而左手及身可轉過去接左邊攻來之威脅。

**Dan Bian**

Raise hands and then pull hands inward towards chest. Take two steps back, first with the right foot and then with the left. By shifting body weight and rotating torso both to the left, shift into the "dan bian" position.

# 24 雲手 Yun Shou

雲手的用法，一般是爲應付前面被攻擊時，如何化解的一種手法。左手往左邊撥，右手往右邊撥，身換步不換。

上圖右手由下襠部蓄勁，及至發勁把手催到頸部，這個過程是瞬間完成的。此爲掤勁，須發勁打出。

右手再由頸部，領著身形往右轉去，左馬步換成右馬步而成招，左手並隨勢下落護襠。這是一個捋化勁，其過程中掤勁始終不丟，以使敵的正面攻擊被我掤開、引偏。

若敵再做第二次正面攻擊，則用左手由襠下往頭上掤起，向左方畫圓，引偏而出。

基本上雲手僅是左、右邊畫圓來化解面前的攻擊而已。雖然外形只有左、右變化，但在左、右畫圓的手法過程中，卻包含掤、捋、擠、按、引化等看得見的形勢，及一些拿、捌、採、背折靠等隱含手法。

因此雲手和金剛搗碓一樣，外型招式簡單，卻蘊含太極拳的重要手法及身法，務必用心習練。

使用拿、挒、採、背折靠等手法時，必須用寸勁才能發揮作用。

每個寸勁都需要在起落、開合轉換中爆發出來。練拳時，爆發勁發出後，自身要檢查（感覺）一下每根骨節是否鬆夠，是否能讓其震動頻率穿過各大關節。

**Yun Shou**

Simultaneously, shift body and turn torso both to the right, and circle right hand clockwise. After completing circle, repeat same exact actions, except to the left. Circle like this, both to the right and then the left, three times.

# 25 高探馬 Gao Tan Ma

高探馬是由雲手後轉接過來。此式用雙手臂由下往上而下，領著右腿畫圈。腳跟起來的高度最好到對方腰、胸之間。

抬起的腳跟最低不可低於腰以下。因低於腰以下，胯骨圈會轉的不夠，且腳跟太低，在過招應用時，若想掛敵方手臂及手中器械，可能達不到預期效果。

右腿上掛，落身往後，雙手臂大捋，使敵往前跌下。

如果敵右腿往前滑步跟進，化掉大捋，此時我身可領起，仆地之左腳可往後撩對方跟進之右腿。

右手扣住對方右手腕，左手端住對方右手肘，往左方捌出。因對方右腿被扣及撩起失重，故易被跌出。

**Gao Tan Ma**

Simultaneously, hook right leg to the left and pivot on left foot about 45 degrees to the left. Lower right foot beside left foot and slide on right foot out to the right down into crouch stance. Simultaneously, stand up and slide left foot in towards right leg. Once standing, simultaneously raise left leg and pivot on right foot until body is facing to the left. Left leg should be slightly raised so that only toes of left foot are touching the ground. Hands are in "hold ball gesture."

# 26 右擦腳 You Ca Jiao

在打右擦腳之前先來個側身上步高探馬，常聽老師說一個高探馬將人摔出三丈六的口頭禪，老師對我說與人交手時，自己以高探馬式來做待蓄式與敵對峙。

此式是兵器想往前撞，對方一起動來攻，我以探馬手往前來接引。

左探馬手出手掤住敵按我之來勢，向左邊捋引來化攻勢，使其偏向，然後右手隨身轉而去接對方左肘，可防失手而上步近身打肘。

左手扣腕右手端肘，順手採敵手臂，順勢將右膝上提，預備上步，鎖住敵後腳跟防止其退步。

當敵後腳跟被我勾住時，雙手輕按住敵身前由下往上先擠勁拔根，再快速按出，使敵騰空跌出。

萬一被敵化開我的攻勢，敵也會藉我回勢之便，再上步近我身作第二波攻進。本身已不可再退步之下，應立刻側身化對方勢，雙臂掤住對方雙掌，邊聽住來勢，一進身三寸左右，立刻發寸勁，方能彈開對方來勢。

當我彈開對方勁落空，身勢就會往我身上衝來，我必須用雙臂隨身隨勢向身後將敵來勢引化掉，雙臂由下而上將對方雙臂掤起纏繞沾黏不放。

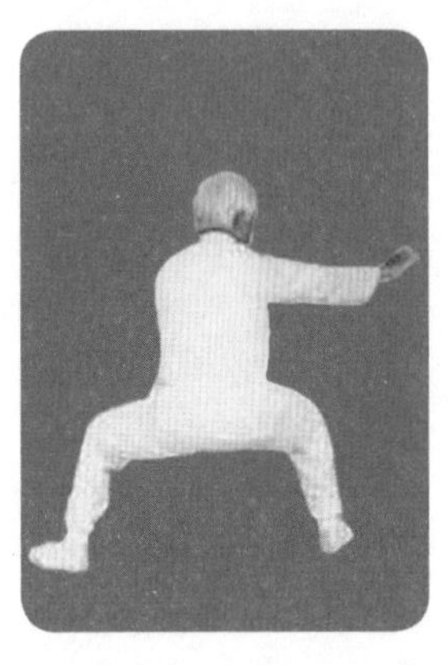

再由上往下壓下，將對方封住。

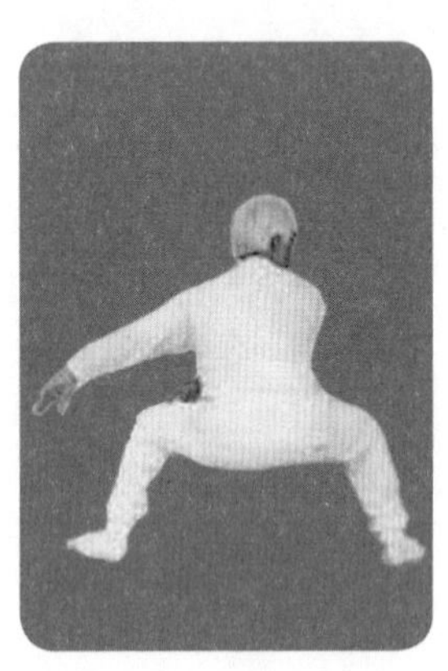

往下往外，邊捋邊掤。練此架，起腿時，不可放腿，要直接從此馬步直接往上起，方可練虛領頂勁及含胸拔背勁。

雙臂由下往上纏繞對方雙臂，翻起往下壓的同時，右腳的撩陰腿也同時踢出，用虛領及拔背硬起，才能練出勁來。

腳往上踢，手往下壓，形成一個合勁。任何一個發勁必須合才能出。

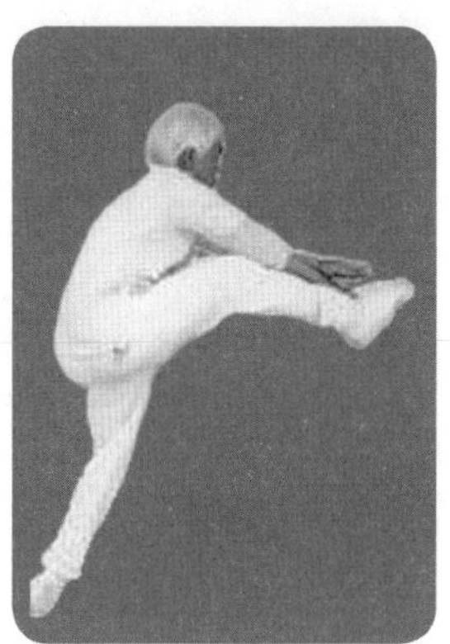

出勁。

落勢必須保持蓄勁。

## You Ca Jiao

Shift weight forward onto left leg. Swing right leg around and slide forward into "side bow-stance." Circle entire body back, down, forward, up and back down twice. Hold out hands and kick with right leg.

# 27 左擦腳 Zuo Ca Jiao

承前招右擦腳，拍腳完畢落下後，雙臂再上下畫一個立圈身子再有一個起落，將後方左腳轉身跨步向前。

雙臂領著身子起落繞圈，調整方向。

方向姿勢都穩住，落下身子合住勁凝神。

起腳與手臂往下拍腳同時出去。

腳上手下在胸前互碰相拍打，完後腳立刻收回，不能落地。

## Zuo Ca Jiao

Shift weight onto right leg and swing left leg around and slide into "side bow-stance." Circle entire body back, down, forward, up and back down twice. Hold out hands and kick with left foot.

# 28 轉身蹬跟 Zhuan Shen Deng Gen

手腳拍完後收回不能落地，雙手再畫圓領著身子 90 度轉身。

轉身過來雙拳合住胸前，左腳提膝過腰高，右腿彎曲支撐上身。

式子是合，精氣神是蓄，接下來就是開與發，雙手臂如拉弓射箭勢，左腳如箭一般蹬出。

## Zhuan Shen Deng Gen

After kick, left leg is still raised off the ground. Simultaneously, kick left leg backward, pivot on right foot 45 degrees to the left, and circle arms downward, out, up and back around. While left leg is still raised off the ground, simultaneously make a fist with left hand and punch out to the left, use left leg to kick to the left, and use right arm to elbow out to the left.

# 29 鋪地捶 Pu Di Chui

承上式轉身蹬跟，手腳落下，以右腿為支撐點，向左邊轉腰領左腳步，向左跨出，如下圖。

向左跨出後，雙臂再從右領右腳向左邊畫圓跟上。

落右腳同時提左膝上來，其勢如蹺蹺板，一邊落另一邊會同時起來，轉換速度必須快。

雙手領著左腿膝往內纏一個圈落下，左腿往左邊滑出，左手也跟著左腿邊走邊分開。

分開走勢一停，立即勁由後方領身手往前方翻出，右拳同時隨勁翻出，擊向地面。

## Pu Di Chui

Place left foot on ground. Simultaneously, raise right arm and right leg… Raise left leg and (as in step #9) circle knee and hands outward, up and around. With weight nearly entirely on right leg, slide on left leg down into crouch position. From crouch position shift body weight to the left. While shifting body weight to the left, reach with right hand in fist position down towards left leg and gently punch the ground.

# 30 回頭望月 Hui Tou Wang Yue

承上式鋪地捶。

回頭轉身起來之時，用右臂先掤出捋回，往下沉腰跨，雙臂持續由上往下畫圓。

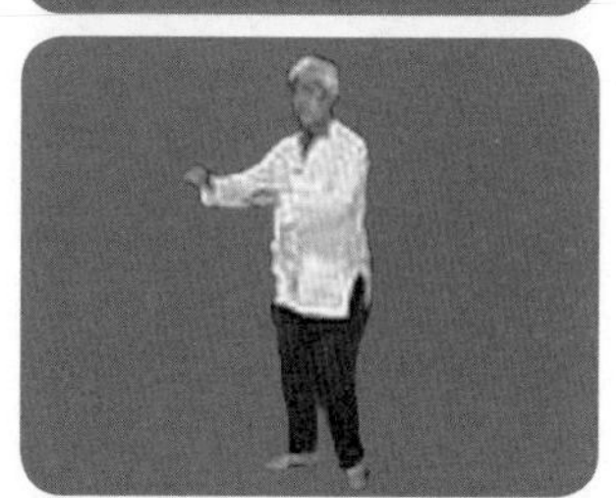

再由下往上畫圓，同時將後腳隨雙臂帶上拉回，與前腳跟後併在一起。

當雙臂轉到身前時，必須有個全身向下坐勁發出。

**Hui Tou Wang Yue**

Simultaneously, shift weight over onto right leg and slide left foot until it is beside right foot.

# 31 二起腳 Er Qi Jiao

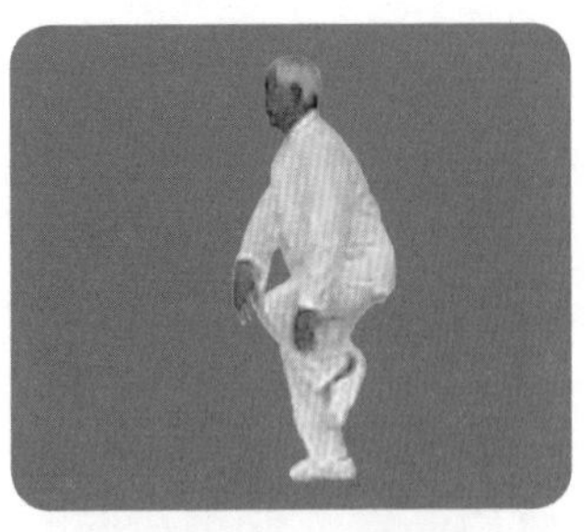

二起腳招式，老師當時對我說他們在家鄉學時叫提二氣，起腳時頭意往上領，身往下落，不可起身上跳。也就是說，雙手往左腳捋下，左膝往上提起，全身往下沉，全身合住勁，提腿拍腳時，身體不可跳起來。

一般拳練二起腳時，都跳高起來，同手去拍腳，也可以這樣練，但老師教時要求此式練時，起腳不起身的方法，專注於提氣。

**老師曾為此招說一個故事**

老師說謝功績師祖（老師的師叔）當時年少十七歲，曾替一個武師代課幾天，在武場內別人看他年少，不把他放在眼裡，有一位使虎頭雙鉤兵器的練家子，向謝功績師祖挑戰，謝師祖頭身往下一縮，避過上鉤的同時，腳下一個提二氣，跳換腳同時避過下鉤，一落步來個上步端肘，近身一個穿心肘，當場打死，老師說謝師祖左手小指被鉤傷的痕跡他看過。

**Er Qi Jiao**

Simultaneously, raise left foot slightly and lower hands next to left side. Simultaneously, circle hands back, up, and around.

# 32 抱膝蹬跟 Bao Ci Deng Gen

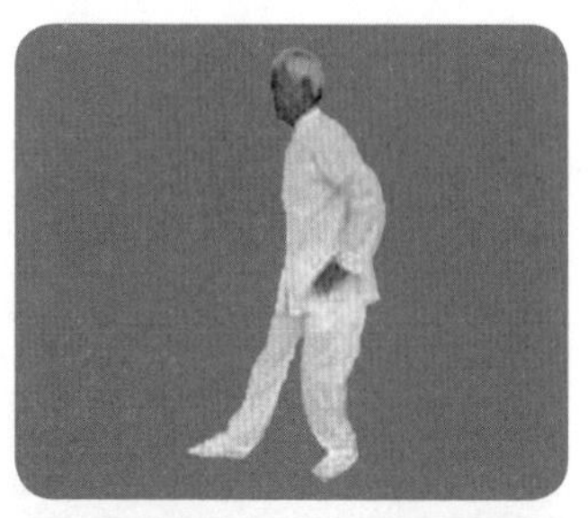

二起腳落下時，雙手配合身法往後邊捋邊往下沉。

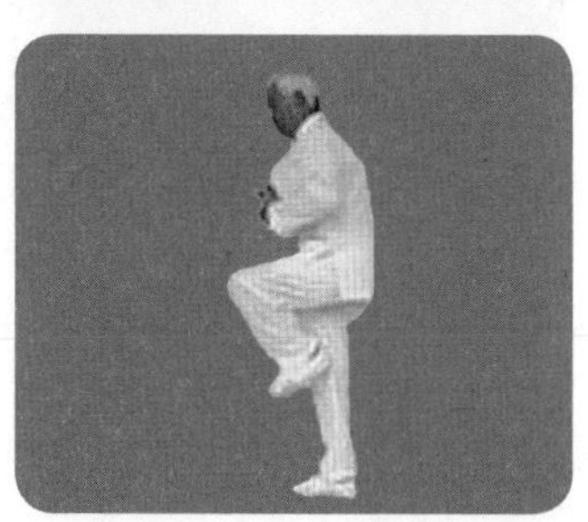

身沉到膝蓋高度時，雙手抱左膝而起。

雙手抱膝至小腹高度，然後雙手與膝同時向下蹬去。

**Bao Ci Deng Gen**

Raise right leg, and simultaneously kick forward and push forward with hands.

## 33 懷中抱月 Huai Zhong Bao Yue

蹬跟下去之後隨式雙手領著左腿纏一個圈，順勢轉 180 度過去，在左腿纏繞圈轉身之時，同時左腿也發勁出聲。

前式是開轉身過來，全身上下及手腿合住，身往下沉。

左腿虛，頭領著勁，邊走邊開。

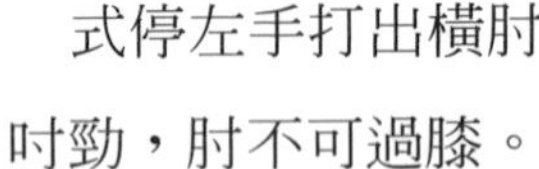

式停左手打出橫肘吋勁，肘不可過膝。

### Huai Zhong Bao Yue

Left leg is still raised off the ground. Simultaneously, hook ankle around and circle hands both to the right. Rotate 180 degrees to the right and finish in "side bow-stance."

# 34 踢腳蹬跟 Ti Jiao Deng Gen

左右雙拳由外而內，領著雙手臂及右腿向中間合上，身開意蓄備合。

意滿形合勁發，雙臂往中收，腳往上踢，膝高過腰。

腳踢後，必須腳往上起，由外向內繞圈，再由內向外蹬跟踢出，防備敵端自己腳跟。

右腳抬起逆轉勢，
雙拳左右翻轉打；
先捲後舒突發勁，
上下左右皆遭殃。

**Ti Jiao Deng Gen**

Slide right foot inwards until it is beside left foot. Raise both arms and right leg, then simultaneously punch and kick outward.

# 35 鷂子翻身 Yao Zi Fan Shen

承上式，蹬跟後再繞圈收回，再由內向外擺蓮腳翻轉踢出。

身法做 180 度轉向落下，右腳落下時要與左腳相同位置落下，不得超前。

鷂子翻身身法奇，
閃身變化要腰際，
雙手翻轉右腳踢，
右掤左捋破強敵。

## Yao Zi Fan Shen

Right leg is still raised off the ground. Circle arms and left leg in a clockwise direction, and then jump off of left foot. While jumping, simultaneously rotate torso 180 degrees to the right.

# 36 掩手捶 Yan Shou Chui

雙手臂順著身腳落下身子一合，然後提起左腳，隨著身法往右前方畫弧落下，左手臂橫掤右拳跟上，勁隨身落而發出。

左掌右拳倒翻勁，
霹雷一拳出腰際；
遡懼遠驚掩手捶，
左撥右擊應聲倒。

**Yan Shou Chui**

After rotating 180 degrees to the right, move into “side bow-stance” position.

# 37 抱頭推山 Bao Tou Tui Shan

接前掩手捶式，如左前臂被人接住往自己按來，自己應順對方的來勢向後引進化開按勁。將按勁引空後隨式轉小圈跌出，或打迎面肘及還他一個橫肘按，再打一個掩手捶。

身形從左弓步換到右弓步，再由右弓步換到左弓步。雙手落到左弓步膝蓋。

雙手從左腿膝蓋下分，右手隨著身子往右分開，當雙手與雙小腿齊時，開始由下往上畫圓到頭部。

再由頭部合住勁，隨身往下壓到腹部。

將上下四方的意、氣與外形合住蓄滿。

當內外已滿、周身恃著、骨節已鬆，順勢往前發出按勁。

泰山壓頂撲面來，
或以兵刃加諸頂；
雙掌托肘往上推，
當下立即解危難。

**Bao Tou Tui Shan**

Right hand is in a fist. Hold right hand with left hand, and circle hands starting from left side in a counter clockwise direction. After circling hands, separate them and lower left hand to left hip and right hand to right hip. Circle hands up and around until they are at about head level. Then pull hands downward. Once hands are lowered to about waist level, shift to the right into the "side bow stance."

## 38 單鞭 Dan Bian

接前抱頭推山式，按出落空，隨即往上掤住敵攻來的雙手。（掤引）

往自身引敵近身。此時敵勢開，我勢合。（捋擠）

合住勁，先擠後按。（按手出去，應肘不過膝爲原則。）

先化再纏繞敵右手，而可採其右手腕。

前是刀後是刁，是單鞭勢成的架式。（餘同前所述。）

## Dan Bian

Raise hands and then pull hands inward towards chest. Take two steps back, first with the right foot and then with the left. By shifting body weight and rotating torso both to the left, shift into the “dan bian” position.

# 39 前招 Qian Zhao

接前單鞭式，雙手臂放下移置左腿側方，自左下領著左腿從左下往上提起，由左往右畫圓，左腳再落回原處。

前招招式似無奇，
雙手按來單臂化；
一按落空趁勢進，
擰步齊打敵跌翻。

**Qian Zhao**

Raise left leg and hook to the right. Simultaneously, step back onto left leg and lean back shifting weight back onto left leg. Once weight has shifted back, slide right foot in towards left foot...

# 40 後招

接前前招式，雙手臂再領著右腿在身前繞圈。

成招時爲一探馬式。（關老爺讀春秋。）

後招招式屈臂轉，
引掤勁出走螺旋；
螺旋全憑腰腿功，
腰腿催手敵前翻。

# 41 野馬分鬃 Ye Ma Fen Zong

野馬分鬃是太極拳裡的大身法，包含十三式：掤、捋、擠、按、採、挒、肘、靠、左顧、右盼、前進、後退、定。

首先開式以右掤勁出手。

再以右捋勁回來。

左手扣敵腕，右臂端其肘。

右腳提膝。

右腿上步跨出。

腰跨猛然一轉，寸勁順勢發出。

左右手的採挒勁也同時發出，敵人不是跌出，就是手肘折斷。

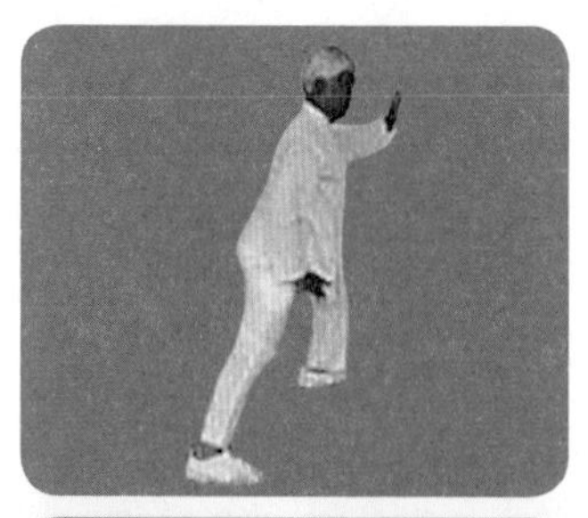

同右式，做左野馬分鬃。

左掤勁出手。

再左捋勁回來。

右手護頭，左手護膝。

左腳提膝。

身法低可打敵七寸靠、海底針。

身法高可打敵方側身靠、穿心肘，拿腕、採肘。

上步可打背折靠，將敵跌出。

向正前方再做一次右野馬分鬃。

右手由右膝下方穿出。

右手穿撥出勁，左手向下防禦，成右弓箭步。

退步繞騰（退兩步）。

退步撩腳使敵翻倒。

回坐腰跨成探馬式。

雙手掤捋運日月，
所向批靡無窒礙；
帶引帶擊大身法，
千軍萬馬任我進。

## Ye Ma Fen Zong

Raise right leg and slide down to the right into “crouch stance.” From crouch stance, shift weight forward and shift into “side bow-stance.” With right foot, step back and in towards left foot. Raise left leg and slide down to the left into “crouch stance.” From crouch stance, shift weight forward and shift into “side bow-stance.” With left foot, step back and in towards right foot. Raise right leg and slide forward down into “crouch stance.” From crouch stance, shift weight forward and shift into “side bow-stance.”

## 42 玉女穿梭 Yu Nu Chuan Suo

接前野馬分鬃式，起身用右手臂去引接敵直攻進來的棍、兵器及直拳，臂掤身側閃。

再迴轉身朝前，手臂撩起。將敵兵器或手壓倒在自己手臂下。

敵欲後退，自己的探馬手因壓住敵手臂會感覺到，身子因手的沾、黏、隨敵退我進，但右手臂不可抽出。

敵如騰出，我立即隨敵縱出。右手壓敵右手臂，左手貼著右手掌向敵雙目或咽喉竄出。

縱出落地，左掌被敵右臂抽出架住。

立即轉身換步。

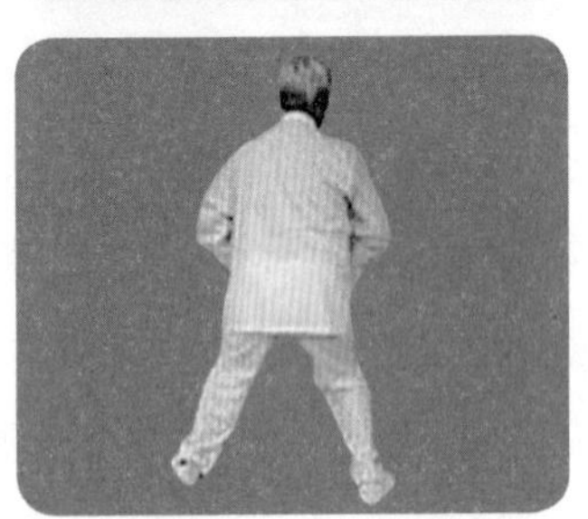

落步貼身打靠、離身打肘。

穿梭雙掌吞吐進，
平縱二起向上躍；
雙信之掌先刺喉，
採住敵手取雙瞳。

## Yu Nu Chuan Suo

While in "side bow-stance," extend right hand straight out palm up facing upward and place left hand on forearm of right arm. Simultaneously, step back with right foot and then the left while drawing two figure eight circles. After stepping back onto left foot, shift weight onto the right leg and lean forward. Leap forward off of the right foot and land on the left foot. Once landing on the left foot, pivot on left foot all the way around so that you are now facing to the left.

# 43 懶扎衣 Lan Za Yi

接前玉女穿梭式，金剛搗碓落下後，隨即就起右拳，領著左掌向右側方捌去，到與右腳齊時，右拳開始隨著由內往外纏，再由外往內連纏帶捋，同時發出纏絲勁。

（捌）。

隨著發完纏絲勁後，雙臂由剛捌出擊止點往下捋回，雙臂經過下襠爲保護或防守之用，右腳也隨身纏回。

（捋）。

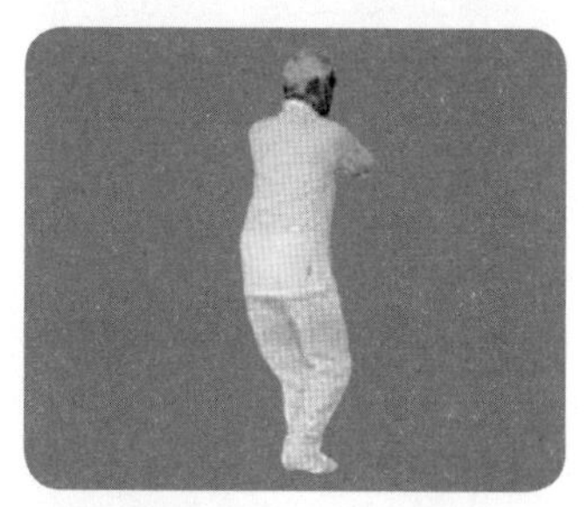

如敵從正面出手攻擊自己的膻中及下陰時，自己捋回的右臂可將敵方攻擊之手往左方捌捋開，同時沾住對方，手往上撩起過頭，脫離危險後，再往右方捋按或推出。

（擠）。

右手出劈掌發勁。

（按）。

左擠出時，身、腿、手、腰跨同時纏出，到手腳落點為止。

左屈右伸懶扎衣，
腳腿腰跨齊發動；
邊引帶纏背折靠，
管叫敵勁接落空。

**Lan Za Yi**

(1) Shift body weight onto right leg and raise arms into the "backhand punch" position.

(2) Lower hands and shift body weight back onto left foot. With the right foot, "draw a half circle" behind the left foot. After drawing half circle, right foot will be right beside left foot.

(3) With right foot, slide to the right and lean to the right. Hold left hand at left side and hold right hand out in palm position at 2 o'clock at head level.

# 44 六封四閉 Liu Feng Si Bi

接前懶扎衣式，懶扎衣定式後，預設有人來個上步金剛掌，雙手由胸下腰上按來時，自己的雙掌直接放在對方的雙小臂上及內側，順其來勢隨身往後坐引捋化落空來勢。

如敵方雙掌攻勢往胸上擊來時，自己雙臂立即由下往上翻起，避過雙掌用掤捋來接引敵之雙臂，往後坐跨來拉開敵雙掌攻擊落點，使之出力點落空。

在掤捋之間，不能抗只能沾、連、黏、隨往自身引近。在引近的同時，自己的雙臂由下往上往內翻滾，將敵雙掌分開或掤起後，向敵發掌按出。

六封四閉似無動，
上下四方侵無功；
隨化隨打敵落空，
破敵只在一笑中。

**Liu Feng Si Bi**

Bend knees slightly, and whole body descends in unison. Lower right hand so that it is next to right hip. Circle hands up and around until they are at about head level. Then pull hands downward. Once hands are lowered to about waist level, shift to the right into the "side bow stance."

# 45 單鞭 Dan Bian

接前抱頭推山式，按出落空，隨即往上掤住敵攻來的雙手。（掤引）

往自身引敵近身，此時敵勢開，我勢合。（捋擠）

合住勁，先擠後按。（按手出去，應肘不過膝爲原則。）

先化再纏繞敵右手，而可採其右手腕。

前是刀後是刁，是單鞭勢成的架式。（餘同前所述。）

左一鞭手腳齊到，
右勾手掛化點穴；
重手法單鞭對敵，
鞭捶擊根追人魂。

語言文字無法說明，
歌訣內涵淋漓盡致。

**Dan Bian**

Raise hands and then pull hands inward towards chest. Take two steps back, first with the right foot and then with the left. By shifting body weight and rotating torso both to the left, shift into the "dan bian" position.

# 46 雲手 Yun Shou

由左下往右上畫出右手。

雲手基本上左右兩手臂由下陰往上頭部相互交叉畫圓，外表上以手領身左右移動，實際上整個運轉都由腰主動，其他手腳身只是跟隨腰來運轉。

由右下往左上畫出左手。

「勁」則是以意行氣，以氣催身。在運轉到發勁渾身需要鬆透，才不會阻礙氣的 間通行體外，否則只在胸腔內打轉，不易行之於手及節節貫串。

往來重複三次。

雲手招式各家打法雖有不同，但看來大同小異。

身與腿也跟著手一樣左右移動。

內外家武術及舞蹈、中國戲劇，都有雲手的動作，運用比較寬廣。雙手的運轉除了武術外，常用在舞蹈上，運轉起來也比較美而有藝術價值。

無論左右手，由下陰丹田蓄勁，往上一起就即刻爆發勁出來。

◒ ◒ ◒

吾師常跟我說：「練拳要像練舞蹈一樣才比較藝術。不要想打到人，內心要有美的概念。如何使肢體運轉起來比較清靜優雅，具美感，不要打一趟拳氣氛爆裂，使人不易親近。」

雲手收式時，勢合勁開。

◒ ◒ ◒

練太極拳就是由動練到感覺靜的氣氛（體動心靜），再由靜來引動。雖然在動，但看起來若微風拂柳一般，使練的人及觀賞的人都覺得心裡非常舒服。

勢合勁發。

◒ ◒ ◒

內心改了，外表行爲也會隨著時間慢慢變好。不過想練得優雅靜美也不太容易。本人行之多年也武不出美感來，主要是內心缺乏對藝術的品味。

氣由腳跟、膝隨雙臂，往左右兩邊提起再放下。落下後身腰全部往下沉於腳跟，凝神聚氣，預備翻出跌岔。

吾師對我說：「他在外看別人練太極拳都很優雅，自己學的是鄉下把式，比較起來顯得自己的拳很老土。所以老師在外很少練拳，都關著門在自己家裡練。」

雙手運轉顧盼間，
兩臂交繞成連環；
變化全在腰間起，
上護門面下護陰。

**Yun Shou**

Simultaneously, shift body and turn torso both to the right, and circle right hand clockwise. After completing circle, repeat same exact actions, except to the left. Circle like this, both to the right and then the left, three times.

# 47 跌岔 Die Cha

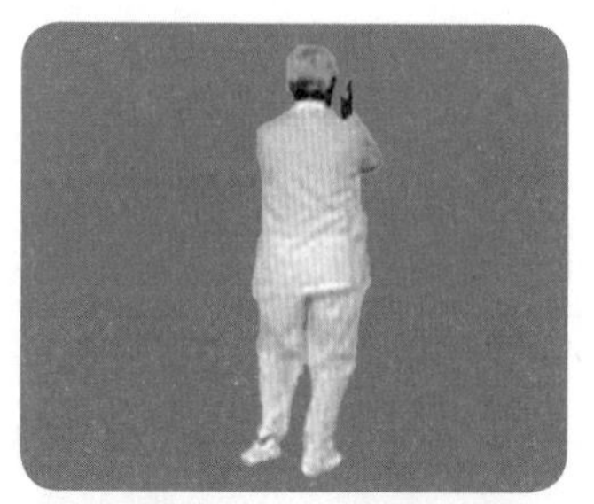

先右手由內而上，向外畫弧形，再左手往左側做同樣動作，形似雲手。

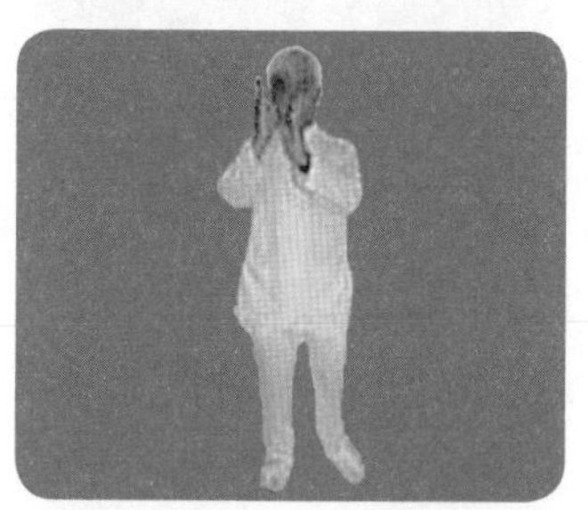

接著兩手一起內合，在胸前由下而上，同時向兩側畫弧，名爲「穿心針」，右腿隨之提膝，雙手外翻扣住敵手腕，引爆腰勁，猛然下落，成雙採手式。

兩手由下往上而起，領右膝上頂，同時兩手往左右分開，劈開左腿，身體瞬間落下，坐在右腿上。

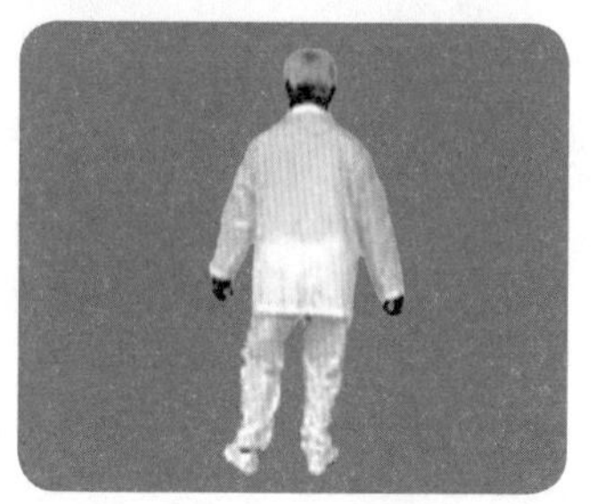

擰腰起身，領身轉向左側，名爲「黃雀戲沙」，式成。

丹田一震手翻起，跌岔向下舒開展。

此時剛一落下，身子全身在大開大展的劈腿蹲式中，左右忽然抖出一個忽靈勁，沒有校勁。順這個忽靈勁直上金雞獨立，身子不起、式往下落，雙震腳聲勢如排山倒海、震山動岳。

這種境像在我腦海中三十年無法忘懷，也無法形容。曾經斷了我練拳的意念，卻因此而不死心，反而直練到今天。至今也只了解一些概念，仍練不出一點樣子，但身體骨子已經不聽使喚，想練出一點樣子來，已經更加困難了。

跌岔轉金雞獨立式前的過門式。

我的老師說：「他這一招是看師祖楊虎打的，非常不可思議。就是看楊虎這一趟拳陳應德祖師說：『老師的架子變了，只要程度夠，看一眼就學到了。至於學到什麼程度，那就要靠自己練了。』」

遇敵逼近勿須忙，
突然一坐沾塵土；
左顧右盼前後打，
緊跟掃堂不留情。

**Die Cha**

Raise fists into the air and shift weight onto right leg. Simultaneously, slide left leg down to the left into crouch position while circling arms outward and down. At the same time, turn body to the left, shift weight onto left leg, and place right foot about shoulder length apart from left foot.

# 48 金雞獨立 Jin Ji Du Li

敵正面攻擊跨以上，用右掤手由下方向上方側身去接敵來拳，當掤手接到對方後，順式引化纏繞，由逆式變順式。

變順式後，扣腕出左掌托敵右肘，右扣腕左托肘，順勢捋直其手臂的同時，丹田內轉，配合時機發出腰間彈抖勁。算是左右各有一個琵琶手式的採手勁。

此過門式都要由意領身，以身領手腳來練，身領手腳轉外圓是一種運氣蓄勁架式，內氣配合外式在體內運轉，意只在注意放鬆骨節及發勁剎那時機。

右金雞獨立由前過門式左右琵琶採手，變換到全身聚合一起蹲落下後，再由頭領身往上起，右手右領膝往上，左手護襠往下。上下手對開時保持著行氣要順，著落點要剛。太極拳練拳原則：當右手掌剛過頭，內勁就可同時發出。

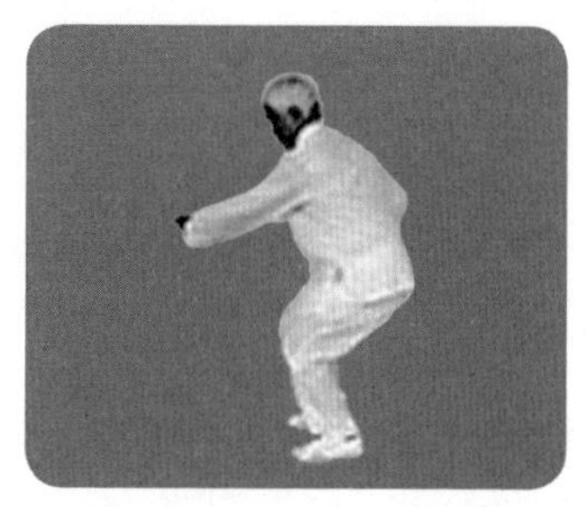

金雞獨立成勢後身往下落時，右手也往下落。左腳此時是貼地的。身手先往上提起，再隨全身體重墜落地，落下時腳跟落實，腳掌微虛到看不出方可。這樣腳掌吃力比較少，可分擔腳跟吃全力的受傷風險。

震左腳、再震右腳。

左金雞獨立後的震腳同右金雞獨立方法一樣，不可往上起跳，只可收小腿往下落。

左金雞獨立與右金雞獨立起落、轉折、發勁大多一樣，只是一右邊一左邊而已。不論左右提膝時腳尖都朝上，先震右腳，再震左腳。

## Jin Ji Du Li

Place right hand (palm facing upward) at about waist level and place right hand (palm facing downward) about a foot above right hand. Simultaneously, push upward with right hand and downward with left hand. Rotate left and right hands so that right palm is facing downward and left palm is facing upward. Simultaneously, push downward with right hand and upward with left hand. Rotate left hand so that palm is facing downward and hold right hand in "hook hand" position. Simultaneously, push downward with left hand, extend right hook hand up over the head, and raise right knee to about waist level. Lower right leg and hands (to waist level with palms facing upward) simultaneously. With left hand, slice to the left, then with right hand, push downward. Simultaneously, extend left hand (in "hook hand" position") into the air and raise right knee. Lower hands and leg simultaneously.

# 49 海底針 Hai Di Zhen

**左上步掤捋手**：左手左腳同時向前進步；是爲了接敵人的進攻。一般來講，敵人攻進大部分都以退化來閃過敵人來勢，但此勢不但不退反進，用左手來沾住敵右手的攻勢，不去撥開敵右手，只是沾住隨他攻進來。

**右上步擠按**：左手掤著敵右手的進攻，只沾隨不抗不挺。等敵手落空時，自己再以右手右腳隨敵攻勢落空的身子快接近自己時，忽然跨步向前進步，可打敵一個側身靠。

**盤功架勢**：右手掌可下探敵下陰。如敵收腹坐胯，其頭臉一定會下低剛好接近自己的肩，此時可打出迎門靠。如敵閃過迎門靠其身必移我右側背面，此時可擊出背折靠。

說什麼海底撈針，
分明是聲東擊西；
瞬間轉化敵擒拿，
順勢額外送三靠。

三靠：側身靠、迎門靠、背折靠。

## Hai Di Zhen

Step forward with left foot while extending left arm outward and placing right hand next to left side. Then, simultaneously step forward with right foot while reaching down towards the ground with a straight right arm.

# 50 倒捲肱 Dao Juan Gong

前勁用手。

◒ ◒ ◒

我的老師說：「此氣勢走大周天，由丹田帶動四梢，由腳底朝背後往上翻起，經過頭頂百會穴，再往胸前下來回到丹田，勁落到腳掌湧拳穴。」

後勁用肘。

◒ ◒ ◒

此勢像一個倒退的輪子。兩腳必須左右跳換退步，雙手配合由後往前輪圈。

氣由腳跟背後往前走。

◒ ◒ ◒

雙腳跟往後翻可擊身後敵之下陰及小腿部分，雙手前掌與後肘前後勁要對撐，前掌可擊出掌、指、拳等手法。後肘可擊穿心肘、肋骨、小腹，還有背折靠可用。

落勢捋按氣沉襠。

◒ ◒ ◒

此勢打起來形象不太好看，但功用可觀。

倒捲肱勢頗奇特，
以退為進圈套圈；
身騰挪機關在腰，
四梢動全憑丹田。

因本門倒捲肱的練法在陳應德師祖年代，被其他拳師譏笑為兔子爬地的打法，其言語傳至陳應德及謝功績兩位師祖耳內，兩位師祖一同去尋到那位講兔子扒地的拳師理論。一言不合動起手來，謝師祖一出手，用玉女穿梭將那位武師喉嚨管拔出一節長左右，當場斃命。還有他的兩位徒弟也被謝師祖一起送上路。一句譏笑送走了三條人命。所以老師一再警告我們，饅頭不熟不要掀鍋，不懂不要亂講，否則會引起不必要的誤會及麻煩，到時後悔莫及。

**Dao Juan Gong**

Stand up and kick right foot backwards so that heal of right foot touches back end. Step back with right foot and repeat backwards kick with left foot. Step back onto left foot and kick backwards one more time with right foot. Instead of stepping backwards again with right foot, step forward with right foot and place ahead of left foot about shoulders width apart.

# 51 白鵝亮翅 Bai E Liang Ci

接前倒捲肱式，捋按落勢雙臂持續向下往上繞圈。也就是說，假設敵方按進來的雙掌被我以身領手側身捋過，順勢繞起對方的雙臂，將對方掀起拔根。

當對方身斜跟起之時，我可按、可推、可擊對方胸口。

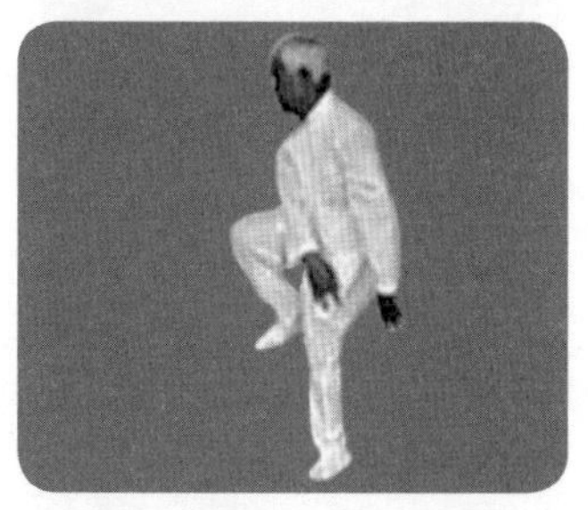

也可纏繞對方手臂，再將其往下捋回，順勢提膝頂襠使敵受傷不起。

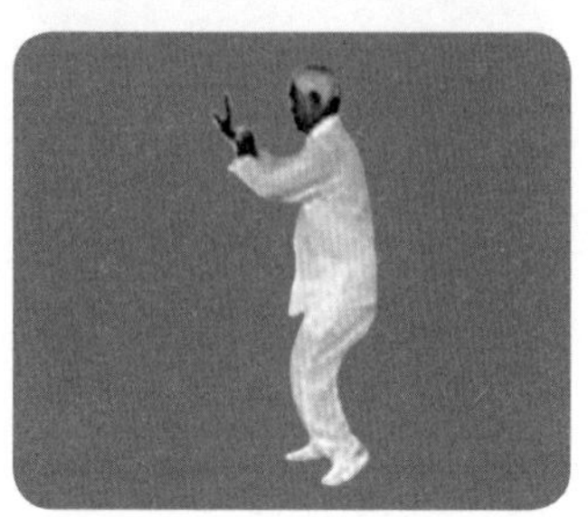

進步擠按用雙掌，退步用捋膝頂襠。

白鵝亮翅雙比翼，
上下相隨人難侵；
先捋後擠藏雙絕，
進退全憑丹田轉。

又曰：
佯輸詐敗身先退，
誘敵入陣突發難；
纏絲引進拔根起，
能使強敵凌空翻。

### Bai E Liang Ci

Step back with left foot and raise hands. Simultaneously, step back with right foot so that it is right beside left foot and lower hands down next to left hip. Slide forward. Right foot slides first and left foot follows. During slide, raise hands outward at chest level.

# 52 摟膝斜行 Lou Qi Xie Xing

當上步用雙掌欲打「白鵝亮翅」按勁時，若敵方退步的腳已先落地，承接走化，而敵之雙手也已由上翻下，端拿我雙肘，續往後捋。我即將按手變左、右，分拿敵上臂，往下急拉，上右腳，上提左膝頂襠。雙手下捋，左膝上頂，內勁由外往內轉，打個上下合勁。

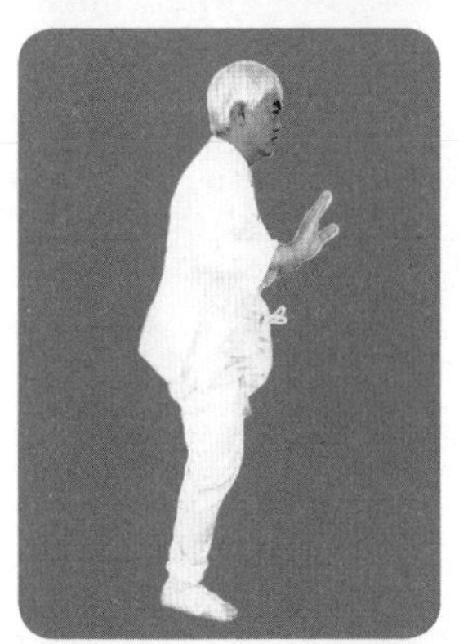

當敵退步步伐較大，並端著自己的雙肘向上托起，隨即承接身勢，借著捋我之重量，已撩陰腿踢我下襠。我雙肘往下坐，雙掌合回，由內往外翻出，分端敵之雙臂，並提上膝腿承接敵之撩陰腳，勾住敵踢來之小腿，由內往外畫出。

此時自己的左、右手腳都已分開，全身門戶大開沒有防守，遂立將分開之手腳由下往上領回到中央。防守之勢上護頭、胸，下護陰。此時敵會再上前，用其雙手來抓我之手腕，其後腿會由下往上踢，我可將雙手往下翻，隨身來個坐勁，化解敵之雙拿手。身下落時並將上提之腿往下接敵之踢腿，隨落勢往左劈開落下。

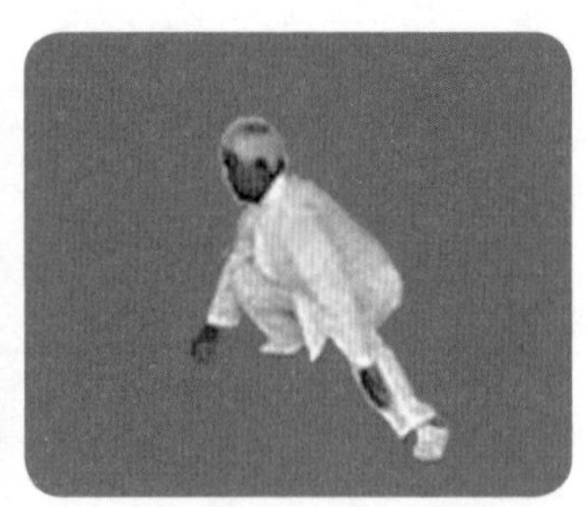

若敵閃開我左腿，轉身到我左側，扣腕拿肘，以倒捲肱來捋，捋我左臂。此時立刻順敵之捋、採，往敵之懷中貼身滑進，將自己肘關節用寸勁抖化掉敵之手勁。滑步近身，以側身靠或背折靠，甚或以轉身上步「高探馬」來擊敵。

承上式，身落在右腿，左腿劈開，勢像犁田的斜行步法，將敵由下往上剷起，才能貼身打「靠」。左手被拿彎曲後，用右手才能幫上忙，可打敵臉或胸，也可端敵之左肘，將敵翻出。

**Lou Qi Xie Xing**

Raise left knee. Simultaneously, both left knee and hands circle together upward and around. Lower left foot to the ground and slide out towards the left so that you finish in the "side-bow stance." Left hand should be in "hook hand" position, placed next to left side, and right hand should be in "palm position," held up and out at about face level.

## 53 閃通背 Shan Tong Bei

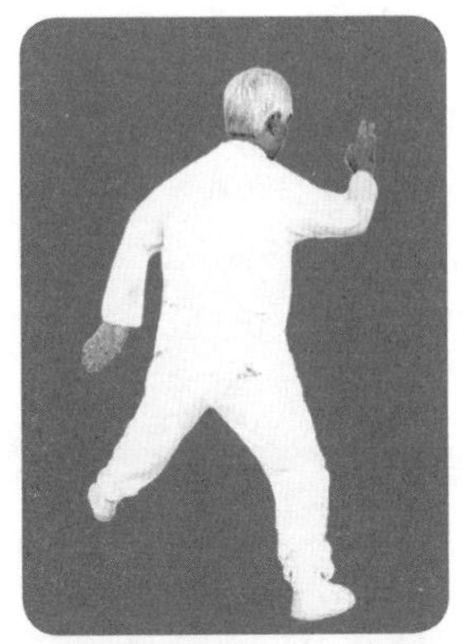

**上掤**：承上勢摟膝斜行的落勢，前刀手後勾手。敵對我正前面部打來，前右刀手來接敵之右拳，一掤即捋化敵來勢，同時身後勾手變掌來端敵之肘，往右手捋勢推隨而去。

**上捋下掃**：敵隨我才捋勢跟進，走化掉我的捋手，當我的捋手勁一過撩腳，勁已走完，對敵不起任何作用，立刻下壓敵手腕，上翻敵肘節，由上往下畫圈採拿敵手肘。

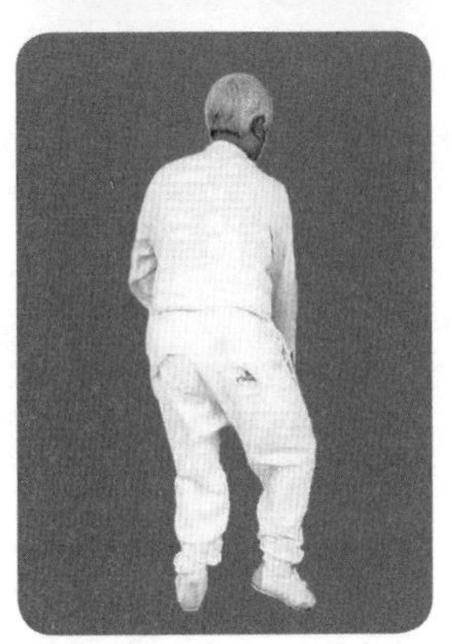

**落**：下盤右腳隨上盤手勢用圪顫勁，對敵前腳掃出，使敵前腳支撐勁失落而跌出。

**側身靠**：雙臂纏過敵之雙臂，順勢上步打側身靠勁。

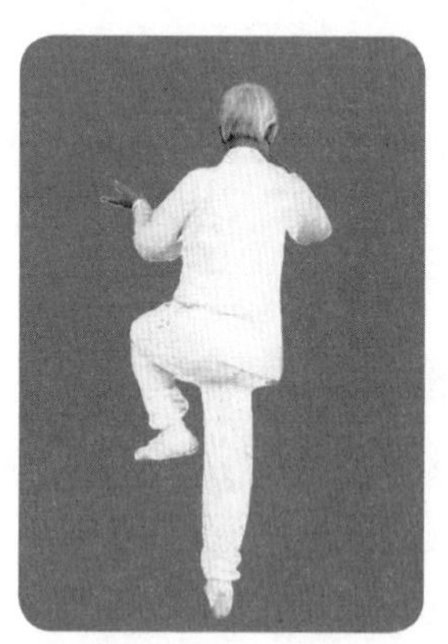

**端臂近身打肘**：如靠落空，雙臂再掤舉敵雙臂，向敵再進打搗心肘。

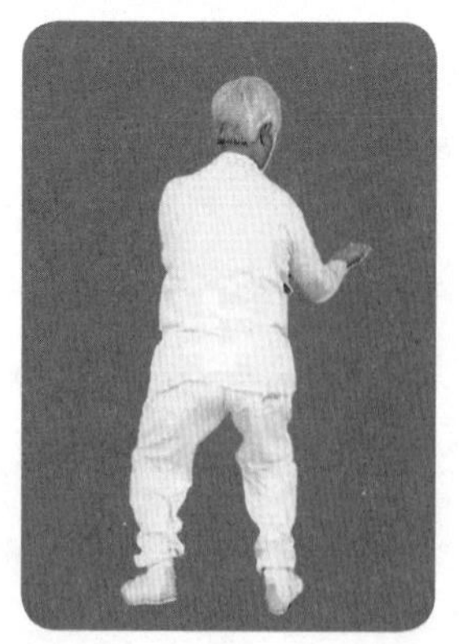

**蓄勢待變**：敵三次走化掉肘勁，兩次進攻落空，蓄勢待變。

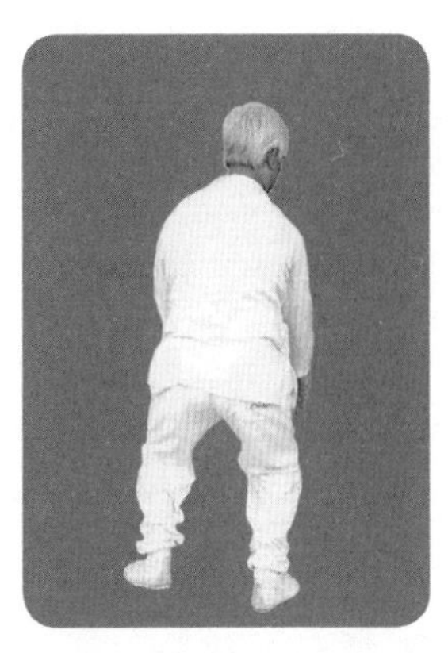

**雙臂往外掤化敵棍攻勢**：敵如用棍對我身上刺來，我用雙臂來掤住，側轉走化。

**大轉肱用雙臂將敵棍掤起**：配合敵棍刺來之勁勢，用雙臂掤住，身腳往後用大轉肱，邊捋邊退。

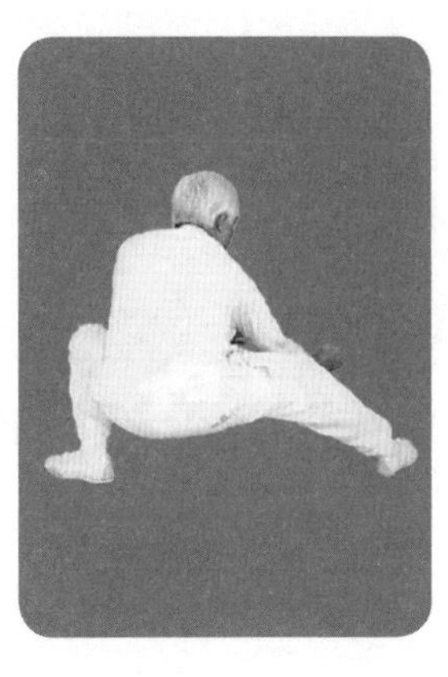

**雙纏反拿敵棍往下大捋用寸勁擰抖奪敵棍**：粘住敵棍用手臂由下往上，再往下纏繞，用大捋身法，使敵棍刺空，而我也順勢捋勢抓住敵棍，往身後捋來，而自己也全身合住勁。

如敵手中棍被寸勁一擰抖，一鬆手，立即以刺槍勢反刺回去。當敵捋來之時，突然拿住敵棍，向敵反刺敵身。

**前擦後蓄**：右手上撩，左手腳在後備蓄勁。

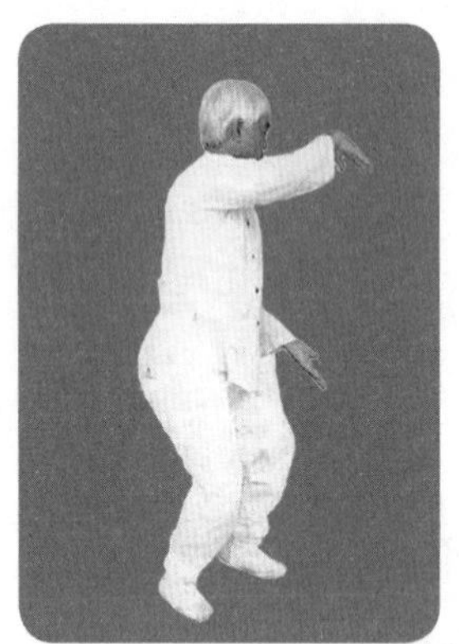

**上撩打下**。

**敵退手腳跟追**：遠走跟上步穿掌。

轉身打貼身靠。

橫跨步近身打穿心肘。

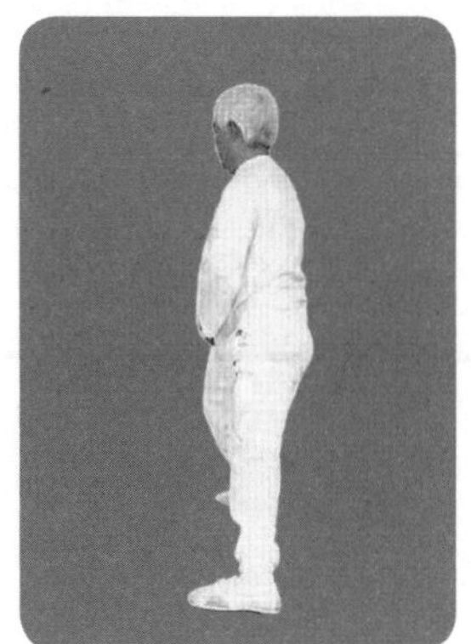

閃通背法最神奇，
兩手環繞背絲扣；
猛然一轉臀背胯，
轉身一靠視絕招。

## Shan Tong Bei

Shift to the right while circling hands outward from left to right. Stand up. Place right foot next to left foot and then with right foot side step to the right and shift into "lean to one side" position. Once shifted into "lean to one side" position, immediately shift all weight onto right leg and raise left foot slightly off the ground. Then, at the same time, circle arms in a counterclockwise direction to the right and shift torso to the right. As torso shifts, lower left leg to the ground and shift weight back onto left leg. Hold hands outward. Simultaneously, circle arms downward and back while stepping backward first with right foot and then the left. Shift weight back onto left leg. Step outward to the right with left foot and place hands in "hold-ball gesture." Simultaneously, place right foot alongside left foot, while placing hands on hips.

# 54 單鞭 Dan Bian

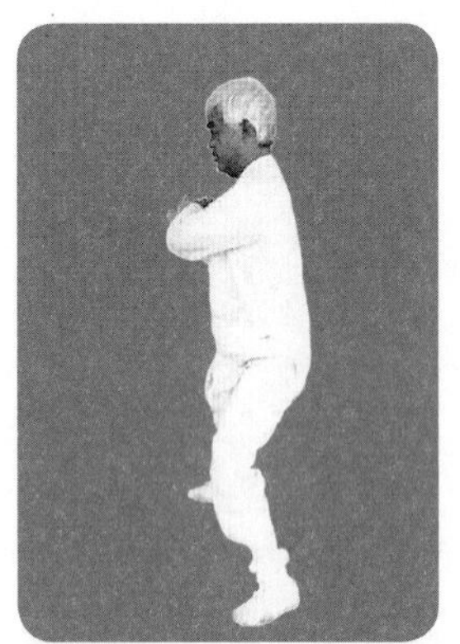

承上式，閃通背的落式側身靠後，到單鞭式完結共有八個過門動作。在還沒換式動步前，雙手臂先打個掤、捋、擠、按的絞勁動作。此圖是由右腿胯邊用寸勁往上掤起後，往左腿邊捋來。此式捋中帶擠。

如果左邊有敵擠上，落胯就可打靠與肘。如果先被敵將我左臂掤住，準備擠、按時，我應立刻側身化對方按勁，變我來捋、按敵之落空身勢。

當我捋勢走完至右腿邊時，身往下合、氣往內聚，準備提膝、轉身往前。

**身形如鶴立、氣勢如搏兔**：從提膝、勢開，到轉身的過程中，提膝、轉身畫弧是膝部當掤勢用。所以此勢是右掤左化，蓄勢待發。

若敵勢往後撤退，我的提膝勢隨敵跟進，邊走邊開。當敵後退之勢一停頓，此時自己貼住敵身跟進的雙手應會感到抗力，隨即從腰間爆發蓄勁，隨勢按出寸勁，使敵跌出。

如果雙手跟敵時手已過膝，就不能再發寸勁。此時敵已走化了我的黏隨勁，並反而向我跟進，回按我胸前時，我身立即向後，雙手由下往上，邊掤邊走化，連化帶引其進身來。

最是神成一單鞭，
左打鐵扇右打勾；
首尾相應猶如龍，
但憑周身輕靈動。

## Dan Bian

Raise hands and then pull hands inward towards chest. Take two steps back, first with the right foot and then with the left. By shifting body weight and rotating torso both to the left, shift into the "dan bian" position.

# 55 雲手 Yun Shou

雲手的用法，一般是爲應付前面被攻擊時，如何化解的一種手法，左手往左邊撥，右手往右邊撥，身換步不換。

上圖右手由下襠部蓄勁，及至發勁把手催到頸部，這個過程是瞬間完成的。此爲掤勁，須發勁打出。

右手再由頸部，領著身形往右轉去，左馬步換成右馬部而成招。左手並隨勢下落護襠。這是一個捋化勁，其過程中掤勁始終不丟，以使敵的正面攻擊被我掤開、引偏。

若敵再做第二次正面攻擊，則用左手由襠下往頸上掤起，向左方畫圓引偏而出。

基本上，雲手只是左右邊畫圓來化解面前的攻擊而已。雖然外形只有左、右變化，但在左右畫圓的手法過程中，卻包含拿、捋、擠、按、引化等看得見的形勢，及一些拿、捌、採、背折靠等隱含手法。

因此雲手和金剛搗碓一樣，外形招式簡單，卻蘊含太極拳的重要手法及身法，務必用心練習。

使用拿、捌、採、背折靠等手法時，必須用寸勁才能發揮作用。

每個寸勁都需要在起落、開合轉換中爆發出來。練拳時爆發勁發出後，自身要檢查（感覺）一下每根骨節是否夠鬆，是否能讓其震動頻率穿過各大關節。

**Yun Shou**

Simultaneously, shift body and turn torso both to the right, and circle right hand clockwise. After completing circle, repeat same exact actions, except to the left. Circle like this, both to the right and then the left, three times.

# 56 高探馬 Gao Tan Ma

高探馬是由雲手後轉接過來。此式用雙手臂由下往上而下，領著右腿畫圈。腳跟起來的高度最好到對方腰、胸之間。

抬起的腳跟最低不可低於腰以下。因低於腰以下，胯骨圈會轉的不夠，且腳跟太低，在過招應用時，若想掛敵方手臂及手中器械，可能達不到預期效果。

右腿上掛，落身往後，雙手臂大捋，使敵往前跌下。

如果敵右腿往前滑步跟進，化掉大捋，此時我身可領起，仆地之左腳可往後撩對方跟進之右腿。

右手扣住對方右手腕，左手端住對方右手肘，往左方捌出。因對方右腿被扣及撩起失重，故易被跌出。

**Gao Tan Ma**

Simultaneously, hook right leg to the left and pivot on left foot about 45 degrees to the left. Lower right foot beside left foot and slide on right foot out to the right down into crouch stance. Simultaneously, stand up and slide left foot in towards right leg. Once standing, simultaneously raise left leg and pivot on right foot until body is facing to the left. Left leg should be slightly raised so that only toes of left foot are touching the ground. Hands are in "hold ball gesture."

## 57 十字腳 Shi Zi Jiao

**提收**：接前高探馬式的落式後，用左手領左腳提起在身前，隨左手畫圈往下落下。

**開展**：落下時左右手交叉畫圈後展開如鷹翼，左腳同時隨身落下，往身前仆展開來。

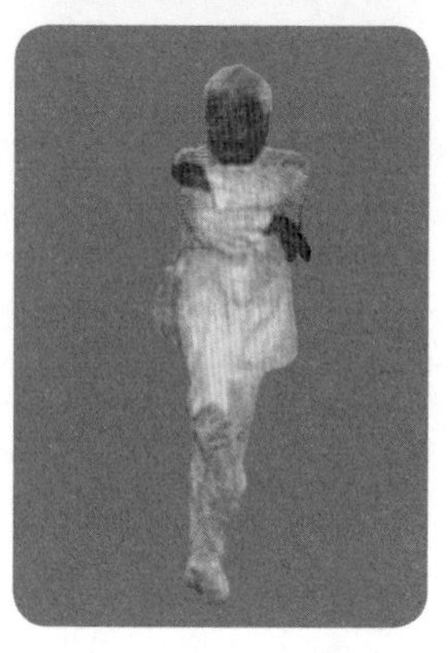

**意蓄形合氣沉腹鬆**：右手領右腳往前起身，雙手胸前交叉，全身上下左右往左腿微曲，站個金雞獨立樁蓄勢待發。

**吊**：全身手腳都合住後，立即用右腳擺踢左手掌，稱之爲「單擺蓮」，擺蓮腿腳高度上下不過頭下、不低於胸，擺踢過後右腳不可落地，吊在空中虛領著，雙手也隨著展開來。

**提**：用虛領的右腳跟由下往上提，至敵胸臉的高度，急速下壓後，右腳落於樁後一步。此招由上步擺蓮腳、左右橫掃、右腳不落地，再用腳跟畫立圈落下，都是練虛領勁。不然要以獨腳樁支撐完成整個招式比較困難。

**形落意不斷**：趙堡架傳述中有種說詞叫「九響不落地」，此招「單擺蓮」也是其中之一，拍完腳後腳不可落地，一定是懸吊空中再接第二式。一般此招都叫「單擺蓮」，爲何趙堡忽雷架叫「十字腳」？因爲擺蓮腳是橫掃用右腳，從左橫掃到右方，落在半空中不著地，再持續用虛領勁提著，再用腰胯勁將右腳由上往下畫弧壓下，成一個十字形。

**Shi Zi Jiao**

Raise left knee and circle up, back, down and around. (Note: Hands should also circle with knee.) Lower right knee and slide on left foot into “crouch stance.” From “crouch stance” shift weight forward onto left leg and thrust forward with right knee, make a backward circle with right knee. After circling knee backwards, right foot is still raised slightly off the ground. Extend hands outward and kick right leg up and around in a clockwise direction, making sure to kick right hand. After kick, right leg is slightly raised off the ground. Hook right leg backwards, up and around. Step back onto right leg, lean back and bend right knee.

## 58 指襠捶 Zhi Dang Chui

當雙手環抱右腳起時，此時爲蓄勁。右手由左手腋下繞出，右腿舉起準備外擺。

右腳先向外擺再內勾。

腿內勾後向外斜伸，雙手向前。

當右腳剛落地左手掤式領前，右手握拳跟後，擰腰轉胯，右拳由後往前，腳畫弧落下，同時全身勁道由右拳擊出。

意落身亦落。

**Zhi Dang Chui**

Simultaneously, shift weight forward onto left leg, thrust downward with right hand in fist position, and hold left arm (hand in fist position) across the chest.

# 59 金剛搗碓 Jin Gang Dao Que

**掤**：面北十二點鐘方位，將身勢轉向十點鐘方向，合在胸口下方的雙掌同時隨身勢向同方向掤起，停在齊眉的高度，在轉承之間同時引爆腰勁。意念假設敵方用拳朝向自己頭部攻擊時，立即舉手發勁掤住來勢，伺機而動。

「掤在兩臂，掤要撐。」掤勁是太極拳的基礎功夫。掤勁處處有、時時有，是沾、連、黏、隨的根本，屬於活勁，不得解爲不讓或硬頂。

**捋**：右手掌背貼著敵來之勢，左手端著對方的肘，不頂不抗，順勢近身化捋。王晉讓先師曾說：「與人搭手，要一手看手、一手看肘，聽著勁，跟著勁的來勢方向而作變化。」手是兩扇門，經中說的「左顧右盼」，意即用雙手的聽勁看好門戶。

◒ ◒ ◒

「捋在掌中，捋要輕。」捋有順對方來勢轉帶引導，使其在不知不覺中落入陷阱，無法自拔之意。常言：「順勢借力」、「引進落空」、「四兩撥千金」就是捋的作用。

**擠**：走勢未盡，右手反掌扣腕，左手輕貼敵方肘關節，坐後腿、虛前腳，擰腰、意勁蓄襠內。當敵方來勢往己身前進時，立即拿腕採肘，聽著敵勁蛇行前進，伺機而發。

「擠在身臂，擠要橫。」擠有逼迫搶位之意，使對方失去平衡而栽跌。在擠法中應處處走螺旋，使對方在接觸點上遇到螺旋擠勁而使重心偏移，身不由己的被發跌出。

**按**：按要正沖，不正易空。當來勢捋盡，對方抽身之時，順其退勢擠出。當對方根斷身浮時，立刻快速將按勁發出。捋按勁發出時，同樣是右手拿腕左掌按肘，意勁蓄腰、襠合住。定勢時，肩與胯合、手與腳合、肘與膝合，尾閭中正，頭領住勁，意勁蓄存背部，準備含胸拔背、提膝，承接下式。

「按在腰攻，按要正沖。」接者擠勢之後，氣沉丹田，擰腰坐胯，形成周身整勁。聽著時機一到，根節動、中節催、梢節發，使敵騰空跌出。

**起掤勢**：提膝虛腳，拔背含胸，頭向上領住勁。若要左重左虛、右輕右實，則不能平衡身形，必須靠頭上領、背勁上拔，才能將左重換到右邊，使中心回穩。左手與右手間隔，必須時常保持敵方手與肘之距離，不可太遠。如果看不住敵方的手與肘，門戶就有漏洞，容易被敵攻進身。重心不可先移至右腿，必先提拔領起，再換到右邊，這樣才能練到內勁。

☯☯☯

提領、拔三勁。

**蓄捋勢**：轉身，提膝過腰往內合，護住下陰，防敵撩陰腿與頂膝。勁放在腰，意在雙手採拿，右肘防敵由後近身。抬腳目標鎖住敵腿、膝關節與小腹。

☯☯☯

拿腕採肘，轉身迎面肘，腳蹬腹與膝。

**落採勁**：外形目標鎖定後，腰內勁蓄滿，一翻肘，身子急落。纏絲勁趁勢下落時，往內一裹，由內而外發出，腳隨落勢蹬出。「落」勢速度要快，破空之勢一閃即過，使敵來不及承接；「沉」勢要穩，要均勻不急躁，有千斤之重感，使敵承接不住。

「採在十指，採要實。」採即抓拿、擒制敵方的手法。「採在十指要抓牢，其用就在把擰中。」採拿法即爲使之超過敵方關節的正常活動範圍，使其關節反走，產生劇痛， 身僵滯、欲動無力、身不由己。輕者跌出，重者分筋錯骨，扯裂其關節，訣曰：「直中求曲採法精。」拿者不可亂用，有傷福報。

**臥虎**：此勢待蓄，準備攻擊之前的動作。左手掤，右手備擊，左腳向前問路，後腿備膝待攻。

◒◒◒

低身下勢，形同臥虎，不懷好意，伺機而動。

**擰起**：前哨左手輕掤對方三成勁，不可架開對方來勢，只需讓對方進攻之勢減緩而不阻。前腳撐地，擰腰，後腳上蹬，膝手同時上攻。手變拳上打膻中，後衛腿變膝頂下陰。

上打膻中下頂陰，身落膝起上下合。

拳膝盡出，無人落空，勁斷意不斷。順勢繼續往上提起，整個身體重量交給左腳，因重心偏向會不穩，故頭需意領，左腳支撐。此時腳掌心為了平衡，會做很微小的變換虛實。

擊出落空，勁斷意不斷。

**震腳**：上招往上勢走滿後，左腿膝關節形同軟腳，使身體下落，右腳跟著地，但腳掌不可翻起，只能虛著而已。右拳落在左掌中合住，意念帶著全身上下、左右往內纏，並往下一起落下合住。不可太直，太直會產生上彈後座力，易傷腰、脛關節。餘勁由雙腳腳底散出，再加上周身放鬆，即不會受後座回勁所傷。

「震腳」發出之聲似「痛」聲，彷若一顆大石頭掉落沙坑發出之聲，是悶聲，爲整合之勁，

會使 身放鬆，迴盪震動，對身體有調節之功，故聲越大越好。若發出之聲似「帕」聲，則多爲腿、腳之力，易傷腳踝及膝關節，下落之力越大，傷自身越烈。

## 金剛搗碓要訣

| 外形用法 | 上步出手金鋼掌，上下八法勢中藏，<br>連環去肘扣搬攔，搗心頂襠跺腳面。 |
| --- | --- |
| 內意用法 | 掤在兩臂要圓撐，捋在掌中走螺旋，<br>擠在身臂滾肘抖，按在腰攻步隨前；<br>根節一動梢節發，中節齊到力增加，<br>周身內外一氣貫，方得太極真諦傳。 |

### Jin Gang Dao Que

Rotate torso to face towards the left. At the same time, shift body weight back onto right leg. Raise hands to face level. Palms face downward. Shift hands into "palm" position. Rotate torso to the right to face forward. Shift weight even further onto right leg. While shifting weight, pull hands inward towards chest. Simultaneously, bend knees and push hands downward.

Raise left knee and circle in a clockwise direction. While circling knee, pivot on right foot about 45 degrees to the right. (Note: Hands should also circle with knee.) Lower right knee and slide on left foot into the "crouch stance."

From "crouch stance" shift weight forward onto left leg and thrust forward with right knee, make a backward circle with right knee and finally land in a standing position. While knee makes a backward circle, right hand (in "fist" position) simultaneously circles under and back over a still left hand (in "palm" position). Finally, after completing circle, right fist lands on left palm.

# 60 懶扎衣 Lan Za Yi

金剛搗碓落下後，隨即就起右拳，領著左掌向右側方掤去，到與右腳齊時，右拳開始隨著由內往外纏，再由外往內連纏帶捋，同時發出纏絲勁。（掤）

隨著發完纏絲勁後，雙臂由剛掤出擊止點往下捋回，雙臂經過下檔爲保護或防守之用，右腳也隨身纏回。（捋）

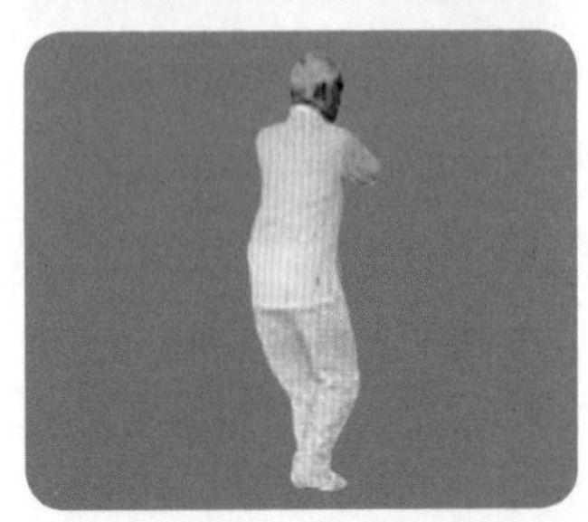

如敵從正面出手攻擊自己的膻中及下陰，自己捋回的右臂可將敵方攻擊之手往左掤捋開，同時沾住對方，手往上撩起過頭，脫離危險後，再往右方捋按或推出。（擠）

右手出劈掌發勁。（按）

左擠出時，身、腿、手、腰跨同時纏出，到手腳落點爲止。

左屈右伸懶扎衣，
腳腿腰跨齊發動；
邊引帶纏背折靠，
管叫敵勁接落空。

**Lan Za Yi**

(1) Shift body weight onto right leg and raise arms into the "backhand punch" position.

(2) Lower hands and shift body weight back onto left foot. With the right foot, "draw a half circle" behind the left foot. After drawing half circle, right foot will be right beside left foot.

(3) With right foot, slide to the right and lean to the right. Hold left hand at left side and hold right hand out in palm position at 2 o'clock at head level.

# 61 六封四閉 Liu Feng Si Bi

接前懶扎衣式，懶扎衣定式後，預設有人來個上步金剛掌，雙手由胸下腰上按來時，自己的雙掌直接放在對方的雙小臂上及內側，順其來勢隨身往後坐引捋化落空來勢。

如敵方雙掌攻勢往胸上擊來時，自己雙臂立即由下往上翻起，避過雙掌用掤捋來接引敵之雙臂，往後坐跨來拉開敵雙掌攻擊落點，使之出力點落空。

在掤捋之間，不能抗只能沾、連、黏、隨往自身引近。在引近的同時，自己的雙臂由下往上、往內翻滾，將敵雙掌分開或掤起後，向敵發掌按出。

六封四閉似無動，
上下四方侵無功；
隨化隨打敵落空，
破敵只在一笑中。

**Liu Feng Si Bi**

Bend knees slightly, and whole body descends in unison. Lower right hand so that it is next to right hip. Circle hands up and around until they are at about head level. Then pull hands downward. Once hands are lowered to about waist level, shift to the right into the "side bow stance."

# 62 鋪地錦 Pu Di Jin

**由內往外掤勁**：接前六封四閉式身往下急落，手臂同時往下收回。勁由內順著雙臂往外彈出掤勁，襠跨腿同時落下。

**引進落空**：鋪地錦是大身法，老師當年對我說：「假想對方用長兵器如槍、棍攻來時，由上壓打、中刺及橫打時，我們自己如何用掤、纏繞、大捋奪槍棍，再順手用纏絲勁反刺對手身上。」

**接手大捋前**：當我把刺進來的棍掤出，引進落空後，持續用雙臂將棍掤到頭上高度預備往下壓時，雙掌借勢之便，將棍的前段握在掌中準備大捋時用。

**大捋鋪地**：外用大捋勢及內用抽絲勁將對手連人帶棍用寸勁快速拉回，身法剛好是個大合勢。

**扎桿纏絲勁送出**：如果對方鬆手棄棍人不跟進，我再將捋奪在手中的棍，用內纏絲勁往外對著對手身體扎出。

## Pu Di Jin

Simultaneously, make a full circle with hands, down, up, and around, while stepping with right foot in towards left foot and then stepping back with left foot. While stepping back onto left foot, shift weight onto left leg and lean to the left then simultaneously shift weight back to the right and hold hands out to the right at chest level.

# 63 合手捶 He Shou Chui

接前鋪地錦式，往前扎桿式出擊後，接著往左腿後方繞回。

雙手臂收到左腰位置。

雙手肘往正後方分開後坐收手，左腳貼地一個勾腳式向右拉回，與右腳含住扣襠。

雙掌由下往上纏繞，做個雙拿腕，合住胸前腰下方。

雙手纏繞胸前合，
左腳磨地亦隨轉；
看似無奇合手勢，
左右掰手擒雙敵。

**He Shou Chui**

Simultaneously, bring hands in towards sides and circle backwards and around towards the front, while pivoting right foot to face forward and placing left foot about shoulder width apart from right foot.

## 64 翻花 Fan Hua

外形雙手襠跨及膝全身合住，最要緊的是意能合住，全身筋骨放鬆，內勁才可能翻得出來。

當左右敵各一隻手被我拿住後，這兩人也會隨手靠近我時，立即雙拳一聲「哈」，隨丹田內勁左右翻出迎面捶，打擊左右敵人頭面部。

內勁催動，周身筋骨隨左右雙拳翻出，像魚在水底翻出水花一樣，才能算開完合住。

雙手才合又翻轉，
丹田翻轉腳亦轉；
雙拳轉動速如矢，
同時攻擊左右敵。

**Fan Hua**

Circle hands up, out, and around twice. The first time, make a small circle, and the second time, make a larger circle. While making circles, simultaneously raise body as arms circle upward, and lower body as arms circle downward.

# 65 指襠捶 Zhi Dang Chui

接前翻花式，翻花完式落下合住，丹田及意念帶著身形從右往左、由下往上，內勁像漁翁撒網一樣，忽然轉出一個開放掤勁。

再由勢形展開由左往右、由下往上，由外往內收捋合勁。

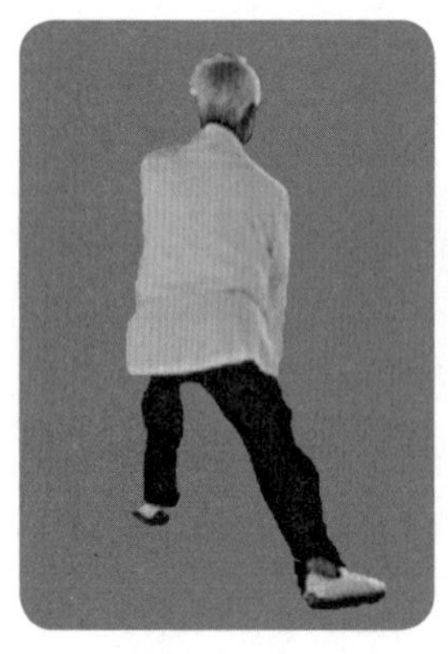

左臂掤住敵方轉身向後擠出，右拳也貼住敵小肚跟進，當敵退勢一失，指襠捶順勢落下擊出。

突然轉身擊後敵，
丹田逆轉手腳隨；
右手一捶打下襠，
順勢又是一擠勁。

**Zhi Dang Chui**

Circle left and right hands. Raise left leg then pivot on right leg shifting body position 45 degrees to the left. Finish with weight shifted forward onto left leg.

# 66 金剛搗碓 Jin Gang Dao Que

**掤**：面北十二點鐘方位，將身勢轉向十點鐘方向，合在胸口下方的雙掌同時隨身勢向同方向掤起，停在齊眉的高度，在轉承之間同時引爆腰勁。意念假設敵方用拳朝向自己頭部攻擊時，立即舉手發勁掤住來勢，伺機而動。

「掤在兩臂，掤要撐。」掤勁是太極拳的基礎功夫。掤勁處處有、時時有，是沾、連、黏、隨的根本，屬於活勁，不得解爲不讓或硬頂。

**捋**：右手掌背貼著敵來之勢，左手端著對方的肘，不頂不抗，順勢近身化捋。王晉讓先師曾說：「與人搭手，要一手看手、一手看肘，聽著勁，跟著勁的來勢方向而作變化。」手是兩扇門，經中說的「左顧右盼」，意即用雙手的聽勁看好門戶。

「捋在掌中，捋要輕。」捋有順對方來勢轉帶引導，使其在不知不覺中落入陷阱，無法自拔之意。常言：「順勢借力」、「引進落空」、「四兩撥千金」就是捋的作用。

**擠**：走勢未盡，右手反掌扣腕，左手輕貼敵方肘關節，坐後腿、虛前腳，擰腰、意勁蓄襠內。當敵方來勢往己身前進時，立即拿腕採肘，聽著敵勁蛇行前進，伺機而發。

「擠在身臂，擠要橫。」擠有逼迫搶位之意，使對方失去平衡而栽跌。在擠法中應處處走螺旋，使對方在接觸點上遇到螺旋擠勁而使重心偏移，身不由己的被發跌出。

**按**：按要正沖，不正易空。當來勢捋盡，對方抽身之時，順其退勢擠出。當對方根斷身浮時，立刻快速將按勁發出。捋按勁發出時，同樣是右手拿腕左掌按肘，意勁蓄腰、襠合住。定勢時，肩與胯合、手與腳合、肘與膝合，尾閭中正，頭領住勁，意勁蓄存背部，準備含胸拔背、提膝，承接下式。

「按在腰攻，按要正沖。」接者擠勢之後，氣沉丹田，擰腰坐胯，形成周身整勁。聽著時機一到，根節動、中節催、梢節發，使敵騰空跌出。

**起掤勢**：提膝虛腳，拔背含胸，頭向上領住勁。若要左重左虛、右輕右實，則不能平衡身形，必須靠頭上領、背勁上拔，才能將左重換到右邊，使中心回穩。左手與右手間隔，必須時常保持敵方手與肘之距離，不可太遠。如果看不住敵方的手與肘，門戶就有漏洞，容易被敵攻進身。重心不可先移至右腿，必先提拔領起，再換到右邊，這樣才能練到內勁。

◒ ◒ ◒

提領、拔三勁。

**蓄捋勢**：轉身，提膝過腰往內合，護住下陰，防敵撩陰腿與頂膝。勁放在腰，意在雙手採拿，右肘防敵由後近身。抬腳目標鎖住敵腿、膝關節與小腹。

拿腕採肘，轉身迎面肘，腳蹬腹與膝。

**落採勁**：外形目標鎖定後，腰內勁蓄滿，一翻肘，身子急落。纏絲勁趁勢下落時，往內一裹，由內而外發出，腳隨落勢蹬出。「落」勢速度要快，破空之勢一閃即過，使敵來不及承接；「沉」勢要穩，要均勻不急躁，有千斤之重感，使敵承接不住。

◒ ◒ ◒

「採在十指，採要實。」採即抓拿、擒制敵方的手法。「採在十指要抓牢，其用就在把擰中」採拿法即爲使之超過敵方關節的正常活動範圍，使其關節反走，產生劇痛， 身僵滯、欲動無力、身不由己。輕者跌出，重者分筋錯骨，扯裂其關節，訣曰：「直中求曲採法精。」拿者不可亂用，有傷福報。

**臥虎**：此勢待蓄，準備攻擊之前的動作。左手掤，右手備擊，左腳向前問路，後腿備膝待攻。

◒ ◒ ◒

低身下勢，形同臥虎，不懷好意，伺機而動。

**擰起**：前哨左手輕掤對方三成勁，不可架開對方來勢，只需讓對方進攻之勢減緩而不阻。前腳撐地，擰腰，後腳上蹬，膝手同時上攻。手變拳上打膻中，後衛腿變膝頂下陰。

◒ ◒ ◒

上打膻中下頂陰，身落膝起上下合。

拳膝盡出，無人落空，勁斷意不斷。順勢繼續往上提起，整個身體重量交給左腳，因重心偏向會不穩，故頭需意領，左腳支撐。此時腳掌心爲了平衡，會做很微小的變換虛實。

擊出落空，勁斷意不斷。

**震腳**：上招往上勢走滿後，左腿膝關節形同軟腳，使身體下落，右腳跟著地，但腳掌不可翻起，只能虛著而已。右拳落在左掌中合住，意念帶著全身上下、左右往內纏，並往下一起落下合住。不可太直，太直會產生上彈後座力，易傷腰、脛關節。餘勁由雙腳腳底散出，再加上周身放鬆，即不會受後座回勁所傷。

「震腳」發出之聲似「痛」聲，彷若一顆大石頭掉落沙坑發出之聲，是悶聲，爲整合之勁，會使 身放鬆，迴盪震動，對身體有調節之功，故聲越大越好。若發出之聲似「帕」聲，則多爲腿、腳之力，易傷腳踝及膝關節，下落之力越大，傷自身越烈。

## 金剛搗碓要訣

| 外形用法 | 上步出手金鋼掌，上下八法勢中藏，<br>連環去肘扣搬攔，搗心頂襠跺腳面。 |
|---|---|
| 內意用法 | 掤在兩臂要圓撐，捋在掌中走螺旋，<br>擠在身臂滾肘抖，按在腰攻步隨前；<br>根節一動梢節發，中節齊到力增加，<br>周身內外一氣貫，方得太極真諦傳。 |

落勢用身，手腳配合身法，勁配合勢，落下合住。勁由腳跟向左右兩邊旋出，不可向上反彈。由意領氣，以氣催身的操作方式。

### Jin Gang Dao Que

Rotate torso to face towards the left. At the same time, shift body weight back onto right leg. Raise hands to face level. Palms face downward. Shift hands into "palm" position. Rotate torso to the right to face forward. Shift weight even further onto right leg. While shifting weight, pull hands inward towards chest. Simultaneously, bend knees and push hands downward.

Raise left knee and circle in a clockwise direction. While circling knee, pivot on right foot about 45 degrees to the right. (Note: Hands should also circle with knee.) Lower right knee and slide on left foot into the "crouch stance."

From "crouch stance" shift weight forward onto left leg and thrust forward with right knee, make a backward circle with right knee and finally land in a standing position. While knee makes a backward circle, right hand (in "fist" position) simultaneously circles under and back over a still left hand (in "palm" position). Finally, after completing circle, right fist lands on left palm.

# 67 懶扎衣 Lan Za Yi

接上式，全身合住勁，意如右邊有敵擊來，右手及身向右翻起，同時內勁也隨勢發出掤勁 ，以接敵攻勢。閃過拳鋒沾上手臂後，伸臂變掌，纏繞敵之手臂。

敵側面攻進我用右臂掤上粘住，然後引其勁道往下落。

兩手均走弧形：右手沾敵手臂，粘住帶採勁捋回左胯旁，再隨勢走上弧落在心窩前，保護上盤頭部 ；左手走下弧，落於太陽穴旁，保護中盤身子。右腳同時發寸勁，劃敵前腳跟，再隨勢拉回落在左腳旁。左腿支撐全身重量。兩腿合住保護下陰。

順便用手臂纏繞敵右手臂，順勢往下捋，使敵勁落空。

右腿虛領畫弧，隨腰胯轉圈向右前方滑出。右手走弧形落至鼻前之高度；左手走弧形落在左胯之下方。全身在落定瞬間，周身同時發出纏絲擰勁，由右手掌心發出，以將近身之敵擊出。定勢時，前腿弓後腿撐，目視敵方，鬆身坐胯，伺敵動靜。

◒ ◒ ◒

如敵衝勁我身時，可用迎門靠，側身靠來接其身，如果進來半步往後走，我右掌追出劈面掌。

左屈右伸懶扎衣，
捋擠相隨攻敵城；
腳腿腰跨一擠到，
採挒肘靠緊著跟。

## Lan Za Yi

(1) Shift body weight onto right leg and raise arms into the “backhand punch” position.

(2) Lower hands and shift body weight back onto left foot. With the right foot, “draw a half circle” behind the left foot. After drawing half circle, right foot will be right beside left foot.

(3) With right foot, slide to the right and lean to the right. Hold left hand at left side and hold right hand out in palm position at 2 o’clock at head level.

# 68 六封四閉 Liu Feng Si Bi

勢往後坐，勁往襠落，左、右手往下切分勁，吞食敵來之快速按勁。前腳掌虛起，後腳掌踏實。

◒ ◒ ◒

下切勁、內吞勁、左右分勁。

雙手順上勢纏繞至耳際，雙腳由外往內纏繞，將勁合在腰臍間。

**藏龍**：勁蓄滿後，由後往前緩慢推擠出，手掌沾上敵身粘住，上下左右聽著敵勁，蛇行拔根。當雙方距離極近時，若發現敵勢欲做轉換，掤勁一斷，不用擠立刻將按勁發出。

◒ ◒ ◒

氣勢盤龍蓄！

掌中按勁在敵方根斷身浮，敵勢尚不及轉換之際，瞬間吐出。按出時，身往下落、肘不過膝、前弓後撐，使敵方後倒之時，不能順勢將自己搒出。

◒ ◒ ◒

前吐勁、下沉勁。

六封四閉似無動，
上下四方侵無功；
隨化隨打敵落空，
前進後退隨人動。

**「藏龍」、「臥虎」釋名**

| | |
|---|---|
| **藏龍** | 是比喻拳勢像蛇盤蓄，蓄勢待發，架勢較高，下盤穩，纏絲勁蓄滿在腰間。 |
| **臥虎** | 是比喻拳勢像虎潛伏，蓄勢待發，架勢較低，腿、膝備擊，纏絲勁亦蓄滿在腰間。 |
| 兩者皆非拳架招式，而是以退為進之姿，蓄而待發之勢。故與敵交手時，若見敵有此氣勢，切不可躁進。 | |

如敵雙掌由下往上對我腹部按出，我即刻用雙手由上往下掤住敵雙掌，使其落空。

**Liu Feng Si Bi**

Bend knees slightly, and whole body descends in unison. Lower right hand so that it is next to right hip. Circle hands up and around until they are at about head level. Then pull hands downward. Once hands are lowered to about waist level, shift to the right into the "side bow stance."

# 69 單鞭 Dan Bian

有敵當胸按來，或由上往下打來，由前六封四閉之定勢立刻由下往上掤起，接住敵之來勢。但不可將來勢掤開或掤掉，只需將其往自身接引過來，待敵之手攻到胸口將發勁之時，順敵手之按勁往後移身，承接下勢。

雙手手臂接住敵之按勁，捋到胸前，抽前腿往後走，後腿配合墊步，騰身瞬間退步，使敵按勁落空，敵身前傾。此時自己全身已合住、蓄滿襠勁，待機而發。

聽著敵勁，根斷立刻擰腰坐跨，先擠使敵失去平衡，待摸到敵之頂勁，立刻沖按發出。按出之勁由下往上發，使敵拔根跌出。注意按勁不得由上往下按，否則敵可退步坐跨吞掉按勁，並以捋按回擊。

敵往我胸下按來，我左手看著其右手，右手摸放在敵雙手腕上聽著勁。待敵勁進來時，我順其按勁往後坐跨，全身寸勁瞬間往下切斷敵勁，引其勁往腹下滑空。右手由摸肘變手腕纏繞敵右手腕，順勢採拿，同時右腳封住敵往前之路，使其受阻摔跌而出。

雙手畫圓護上、中盤，轉身過門，雙手採拿蓄勢。

前刀後刁，雙採拿手成勢。前刀手立掌，沉肩墜肘，腕與肩平；後刁手沉肩墜肘，鉤腕與肩平。前腿蹲、後腿蹬，眼注視前掌指端。

**Dan Bian**

Raise hands and then pull hands inward towards chest. Take two steps back, first with the right foot and then with the left. By shifting body weight and rotating torso both to the left, shift into the “dan bian” position.

## 70 左鋪地錦 Zuo Pu Di Chui

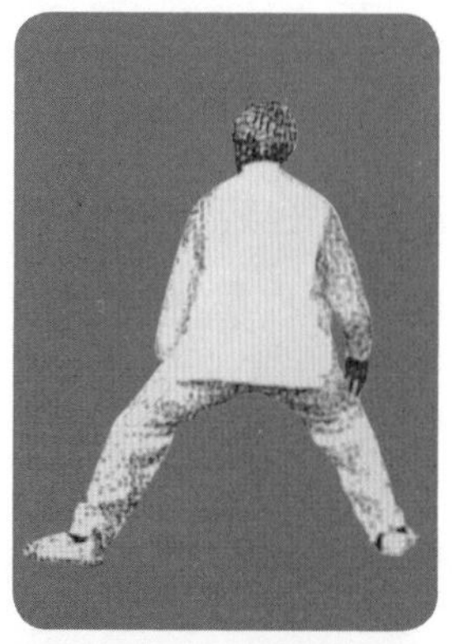

鋪地錦的招勢大都是用大履的動作，將敵攻勢引進落空跌地。

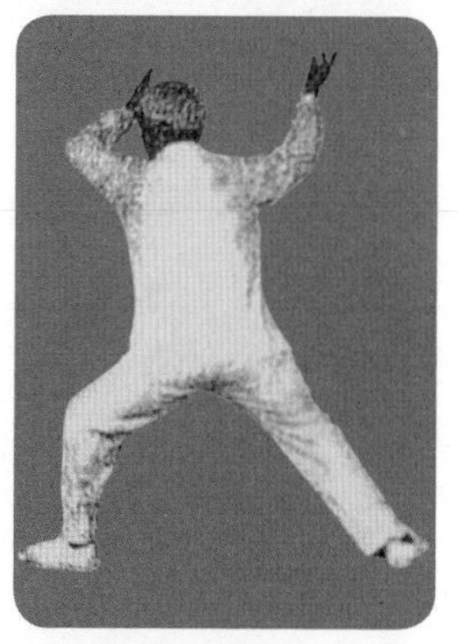

也可引敵近身打迎門肘、指襠捶等功效。

可對長兵器如棍、槍等作接招，用掤、捋、化、引、推、扎等動作奪對方兵器。

**Pu Di Chui**

Simultaneously, circle arms counter-clockwise, side step with left foot and then with the right foot. Shift weight onto right leg and bend right knee lowering body.

# 71 上步七星 Shang Bu Qi Xing

左手前伸拉開，重心隨之轉移準備起身，右手右腳靠攏屈膝，雙手握拳右手伸直左手彎曲，右手由下往上繞左手一圈後，重心往後坐右腳落胯如圖。

如敵只被引進半步停止不進時，我立即右拳提起，向我左臂外敵之雙掌從上往下壓。

貼近敵腰身直落敵胯下襠，打擊下陰部位。

> 左拳帶挪是虛招，
> 右拳領腳螺旋進；
> 專打強敵下襠捶，
> 饒是高手無處躲。

**Shang Bu Qi Xing**

While holding left hand in fist position out to the left, simultaneously step with right foot to the left and circle right hand under, up and around left hand, then step back to the right with right foot and lower body into low crouching position.

# 72 卸步跨虎 Xie Bu Kua Hu

上步七星後接著右手右腳提靠攏，接著右手由上往下繞轉左手一圈後，收左腳坐胯。

右手握拳上舉與頭齊高，左手下垂馬步落胯如圖。

## Xie Bu Kua Hu

Again, step to the left with right foot, but this time, circle fist over, down and around left hand which is again in fist position. Step back to the right with right foot, but instead of shifting weight back onto right leg, distribute weight evenly between left and right legs and circle hands back, up and around, starting from the knees. After circling hands, hold right hand in palm position up at head level, and let left hand hang down at left side.

## 73 懷中抱月 Huai Zhong Bao Yue

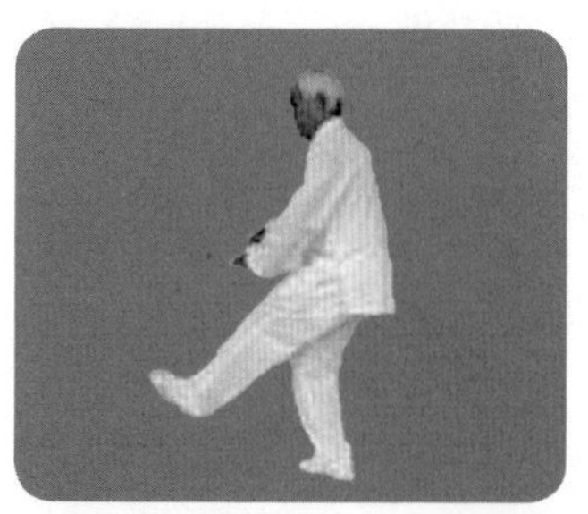

蹬跟下去之後隨式雙手領著左腿纏繞一個圈，順勢轉 180 度過去，在左腿纏繞圈轉身之時，左腿同時也發勁出聲。

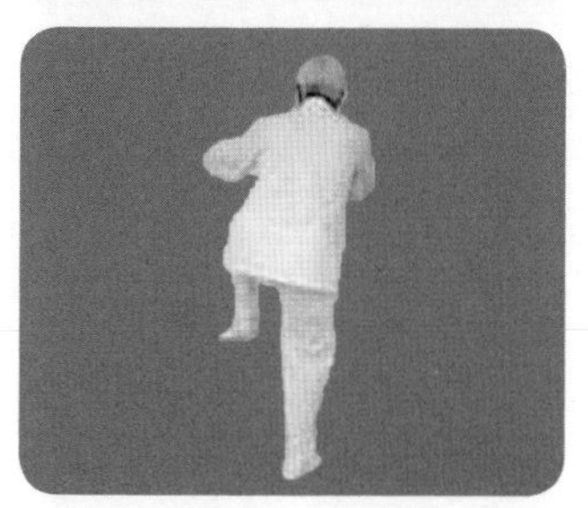

前勢是開轉身過來，全身上下及手腿合住，身往下沉。

左腿虛，頭領著勁，邊走邊開。

式停左手打出橫肘吋勁，肘不可過膝。

詩云：「全身忽靈左右轉，羅通掃北定江山；又打肩靠左打捋，猶如杯中滿月抱。」

從「上步七星」、「卸步跨虎」轉身到「懷中抱月」，勁從脊椎骨纏絲勁在背後上下。針對這個勁，王晉讓老師講了一個例子說：「有一名苦力，專門幫人上下卸貨，有四百斤力氣大。他們幾個看到陳應德在那邊教拳，就挑釁的對力量最大的苦力說：『你如果能過去從後面將陳應德抱起來，我們就請你吃一碗牛肉麵。』苦力說：『沒問題。』就悄悄的走過去假裝看練拳，突然一把將陳應德抱住，要抱起來時，陳應德的腰一個落勁，把苦力從後背摔出去，纏絲勁加抽絲勁對搓的勁道，連帶把苦力身上穿的粗麻布衣撕裂了。」

**Huai Zhong Bao Yue**

Left leg is still raised off the ground. Simultaneously, hook ankle around and circle hands both to the right. Rotate 180 degrees to the right and finish in “side bow-stance.”

# 74 雙擺蓮 Shuang Bai Lian

從懷中抱月右手右腳向右分開至比肩還寬的寬度，身半蹲坐胯，雙掌指尖朝外，左手左腿隨著右移。

雙擺蓮和單擺蓮都是練腿法，只是雙擺蓮伸距較長，單擺蓮伸距比較貼身而已，其基本練法是用腿跟腳面去橫掃雙掌，不可用手去拍打腳面。

雙掌一般順馬步膝蓋向左右分開，高度在雙肩與頭之間，右腿上舉，瞬間引爆腰勁，由左往右踢雙手。

這樣練擺蓮時才可以將大腿跨關節鬆開，右腳由左而右踢雙手。

待右腳踢完將落時，忽然又起，上鉤轉圈後落下。

## Shuang Bai Lian

Step forward with right foot and place about shoulders width apart from left foot. While holding hands outward with palms facing downward, kick in a clockwise circle hitting both left and right hands. After kick, do not lower right foot to ground; instead, hold just slightly above ground level. Hook right leg backwards, up, and around. Step back onto right leg and lean back bending right knee.

# 75 回頭看花 Hui Tou Kan Hua

雙手握拳往後縮回至腰間兩側，重心移在右腳。

雙手握拳往前攻擊重心移至左腳如圖，形成左前弓腿，右後箭步。

回頭看花也就是當頭炮，發出時目標是敵方的臉部，所以出擊時雙拳距離不得離開頭的寬度。

**Hui Tou Kan Hua**

Thrust weight forward, and raise both hands in fist position into the air.

# 76 金剛搗碓 Jin Gang Dao Que

**掤**：面北十二點鐘方位，將身勢轉向十點鐘方向，合在胸口下方的雙掌同時隨身勢向同方向掤起，停在齊眉的高度，在轉承之間同時引爆腰勁。意念假設敵方用拳朝向自己頭部攻擊時，立即舉手發勁掤住來勢，伺機而動。

「掤在兩臂，掤要撐。」掤勁是太極拳的基礎功夫。掤勁處處有、時時有，是沾、連、黏、隨的根本，屬於活勁，不得解爲不讓或硬頂。

**捋**：右手掌背貼著敵來之勢，左手端著對方的肘，不頂不抗，順勢近身化捋。王晉讓先師曾說：「與人搭手，要一手看手、一手看肘，聽著勁，跟著勁的來勢方向而作變化。」手是兩扇門，經中說的「左顧右盼」，意即用雙手的聽勁看好門戶。

「捋在掌中，捋要輕。」捋有順對方來勢轉帶引導，使其在不知不覺中落入陷阱，無法自拔之意。常言：「順勢借力」、「引進落空」、「四兩撥千金」就是捋的作用。

**擠**：走勢未盡，右手反掌扣腕，左手輕貼敵方肘關節，坐後腿、虛前腳，擰腰、意勁蓄襠內。當敵方來勢往己身前進時，立即拿腕採肘，聽著敵勁蛇行前進，伺機而發。

「擠在身臂，擠要橫。」擠有逼迫搶位之意，使對方失去平衡而栽跌。在擠法中應處處走螺旋，使對方在接觸點上遇到螺旋擠勁而使重心偏移，身不由己的被發跌出。

**按**：按要正沖，不正易空。當來勢捋盡，對方抽身之時，順其退勢擠出；當對方根斷身浮時，立刻快速將按勁發出。 捋按勁發出時，同樣是右手拿腕左掌按肘，意勁蓄腰、襠合住。定勢時，肩與胯合、手與腳合、肘與膝合，尾閭中正，頭領住勁，意勁蓄存背部，準備含胸拔背、提膝，承接下式。

「按在腰攻，按要正沖。」接者擠勢之後，氣沉丹田，擰腰坐胯，形成周身整勁。聽著時機一到，根節動、中節催、梢節發，使敵騰空跌出。

**起掤勢**：提膝虛腳，拔背含胸，頭向上領住勁。若要左重左虛、右輕右實，則不能平衡身形，必須靠頭上領、背勁上拔，才能將左重換到右邊，使中心回穩。左手與右手間隔，必須時常保持敵方手與肘之距離，不可太遠。如果看不住敵方的手與肘，門戶就有漏洞，容易被敵攻進身。重心不可先移至右腿，必先提拔領起，再換到右邊，這樣才能練到內勁。

提領、拔三勁。

**蓄捋勢**：轉身，提膝過腰往內合，護住下陰，防敵撩陰腿與頂膝。勁放在腰，意在雙手採拿，右肘防敵由後近身。抬腳目標鎖住敵腿、膝關節與小腹。

拿腕採肘，轉身迎面肘，腳蹬腹與膝。

**落採勁**：外形目標鎖定後，腰內勁蓄滿，一翻肘，身子急落。纏絲勁趁勢下落時，往內一裹，由內而外發出，腳隨落勢蹬出。「落」勢速度要快，破空之勢一閃即過，使敵來不及承接；「沉」勢要穩，要均勻不急躁，有千斤之重感，使敵承接不住。

「採在十指，採要實。」採即抓拿、擒制敵方的手法。「採在十指要抓牢，其用就在把擰中。」採拿法即爲使之超過敵方關節的正常活動範圍，使其關節反走，產生劇痛， 身僵滯、欲動無力、身不由己。輕者跌出，重者分筋錯骨，扯裂其關節，訣曰：「直中求曲採法精。」拿者不可亂用，有傷福報。

**臥虎**：此勢待蓄，準備攻擊之前的動作。左手掤，右手備擊，左腳向前問路，後腿備膝待攻。

低身下勢，形同臥虎，不懷好意，伺機而動。

**擰起**：前哨左手輕掤對方三成勁，不可架開對方來勢，只需讓對方進攻之勢減緩而不阻。前腳撐地，擰腰，後腳上蹬，膝手同時上攻。手變拳上打膻中，後衛腿變膝頂下陰。

上打膻中下頂陰，身落膝起上下合。

拳膝盡出，無人落空，勁斷意不斷。順勢繼續往上提起，整個身體重量交給左腳，因重心偏向會不穩，故頭需意領，左腳支撐。此時腳掌心為了平衡，會做很微小的變換虛實。

擊出落空，勁斷意不斷。

**震腳**：上招往上勢走滿後，左腿膝關節形同軟腳，使身體下落，右腳跟著地，但腳掌不可翻起，只能虛著而已。右拳落在左掌中合住，意念帶著全身上下、左右往內纏，並往下一起落下合住。不可太直，太直會產生上彈後座力，易傷腰、脛關節。餘勁由雙腳腳底散出，再加上周身放鬆，即不會受後座回勁所傷。

「震腳」發出之聲似「痛」聲，彷若一顆大石頭掉落沙坑發出之聲，是悶聲，爲整合之勁，會使 身放鬆，迴盪震動，對身體有調節之功，

故聲越大越好。若發出之聲似「帕」聲，則多爲腿、腳之力，易傷腳踝及膝關節，下落之力越大，傷自身越烈。

## 金剛搗碓要訣

| | |
|---|---|
| 外形用法 | 上步出手金鋼掌，上下八法勢中藏，<br>連環去肘扣搬攔，搗心頂襠跺腳面。 |
| 內意用法 | 掤在兩臂要圓撐，捋在掌中走螺旋，<br>擠在身臂滾肘抖，按在腰攻步隨前；<br>根節一動梢節發，中節齊到力增加，<br>周身內外一氣貫，方得太極真諦傳。 |

落勢用身，手腳配合身法，勁配合勢，落下合住。勁由腳跟向左右兩邊旋出，不可向上反彈。由意領氣，以氣催身的操作方式。

### Jin Gang Dao Que

Rotate torso to face towards the left. At the same time, shift body weight back onto right leg. Raise hands to face level. Palms face downward. Shift hands into "palm" position. Rotate torso to the right to face forward. Shift weight even further onto right leg. While shifting weight, pull hands inward towards chest. Simultaneously, bend knees and push hands downward.

Raise left knee and circle in a clockwise direction. While circling knee, pivot on right foot about 45 degrees to the right. (Note: Hands should also circle with knee.) Lower right knee and slide on left foot into the "crouch stance."

From "crouch stance" shift weight forward onto left leg and thrust forward with right knee, make a backward circle with right knee and finally land in a standing position. While knee makes a backward circle, right hand (in "fist" position) simultaneously circles under and back over a still left hand (in "palm" position). Finally, after completing circle, right fist lands on left palm.

# 忽雷架運用篇

## 太極起式

詩云：「太極起式莫輕視，平心靜氣勢如山；陰陽開合隱其中，盈虛消息契機現。」

「太極起式」雖是簡單的一開一合，身體起落舒展筋骨，讓氣進來等於一個深呼吸，使身體每個地方都讓氣過一下。至於氣進來到什麼地方不管，放鬆氣自然到底。沒鬆，氣就充不滿。正確的感覺是有氣像沒氣，在放鬆呼吸間，氣就在身上、手上、腿上各三大關節共九大關節中走一圈，把關節都拉開，起式沒有發勁，只備發勁之需。

## 金剛搗碓

詩云：「掤勢帶採化敵攻，捋擠相隨攻敵城；提腳帶拳繞圈打，上打膻中下打陰。」

「金剛搗碓」開始有發勁的動作，王晉讓老師說：「一招金剛搗碓就將太極拳都打完了，此招共發了六個勁，先一個『掤勁』轉圈時一看手、一端肘把他捋回來，一擠再一個『按勁』，轉圈落下一個『採勁』，後腿和膝蓋拳頭一起到。上打膻中下打陰，一個『纏絲勁』餘勁往上領，下落腳面一個『震腳勁』下去跺腳跟。」這招用在人打進來，你一起再一落一化往後坐，就把攻勢化掉。

## 六封四閉

詩云：「六封四閉似無動，上下四方侵無功；隨化隨打敵落空，破敵只在一笑中。」

當對手從正面攻過來，手往下一撥一坐腰，一面切對方的勁，手繞圈拿他的手，如拿不住被跑掉，就當胸打出去，勁是一來一往，一個是掤捋，一個是按勁。

## 單　鞭

詩云：「最是神威一單鞭，左打鐵肩右打勾；首尾相應猶如龍，但憑周身輕靈動。」

六封四閉勁出後，起一個掤勁，回來往下一落就是轉彎，手勾挑起一個勁，按一個勁。要注意丹田和手再發勁時要同步轉，以腰爲主帶動，腳有一個小墊步，左右手都是擒拿手，勾手是打人下顎，單鞭從按到刁手像神鞭一樣。手一帶過猶如鞭梢一個花出來。單鞭掤一個勁，前刁手是採拿別人的手，後刁手也可如是。」

## 白鵝亮翅

詩云：「白鵝亮翅雙比翼，上下相隨人難侵；纏絲引進拔根起，進退全憑丹田轉。」

金剛搗碓接下起一個掤勁，雙手捋別人回來一個捋勁，雙手在腰部以下轉腰上去時一個按勁，按人發人後腳跟上的時候一個勁，白鵝亮翅一捋回來落下去轉按出去，來、去、落共三個勁。

## 摟膝斜行

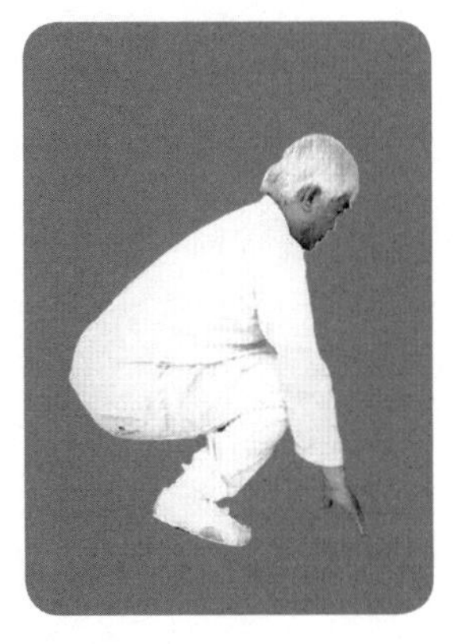

詩云：「摟膝斜行顧四隅，肩跨隨足同時進；雙手摟膝護前後，下路掀腿敵跌翻。」

一上一個合勁，開手交叉一個勁，斜行又一個勁，拳打要注意下去時，手要下在右腿的下方，開時左腿和左手要一起走，有提吊勁，右手翻上來要朝外翻，有如打人耳光。起一個勁，落一個勁，兩手從脊椎骨提發，還有一個落勁，摟膝斜行從定式開始一個圪顫勁，手往上掤接住對方的來勢，順手抓住他的手按出去，後腿往後、手往前對稱，把對手發出去，收回來時一個提勁落下。此招右手從右膝翻出，可拿對方來的手，也可把對方的腳翻起來，一起一落常不易一次完成，但最好一次完成，如甩鞭一樣，甩出去中間沒有停頓。

## 撇身捶

詩云：「身形雖斜氣中直，肩臂胳膊逆折轉；以捶庇身又擊人，下勢纏打七寸靠。」

身體雖然斜，但氣行中置，撇下去的時候，手落下去到腿，手和身往下落，拳接近右腿腰一坐一擰，把身子帶上來，腿走身跟著走，這叫：「七寸靠勁。」楊虎師祖的「七寸靠勁」能把梅花樁拔起，起一個勁，落下去開一個「柔勁」，翻上一個「圪顫勁」，「背絲扣勁」是從脊椎骨發出的勁，不靠手腳。

打撇身捶是身下去，右手、右腳、左手、左腳要到膝蓋以下，然後分開同時走，走到相當於胯部時，從膝蓋底下一個轉彎，一個擰勁上來，王晉讓老師說「撇身捶」原本叫「謝村靠」，楊虎打「撇身捶」，手一定過膝蓋，比膝蓋還低，從膝蓋下過去，一個纏絲上來，貼著梅花樁。這個勁道可以把一支梅花樁從地裡拔起來，簡直不可思議，這是王晉讓老師親眼所見所說的。

背後勁是從背翻出來的，稱爲「翻背勁」。如撇身捶、摟膝斜行、鋪地捶都有用到「翻背勁」。

## 掩手捶（合手）

詩云：「左掌右捶倒轉勁，霹靂一捶出腰際；爾懼遠驚掩手捶，左撥手擊應聲倒。」

又云：「雙手纏絲胸前合，左腳磨地亦隨轉；看似無奇合手勢，左右別手擒雙敵。」

別人擒拿手抓住我的手，我跟著他的式子按下去，人跟著下去，右腿插進對方的後腳跟，把他纏起，他的按勁按下，遠可打「高探馬」，貼近可打「背折靠」。可將對方打出三丈六，包括用腳撩他、推他都非常輕鬆。

合手像打「雙峰貫耳」一樣，兩掌將碰到時，勁要剛好到，不能太早或太晚，要手到、腳到、勁到、合在一起一起到，應付左右來勢一個勁。

## 青龍出海（出手）

詩云：「青龍出海氣如虹，雙拳旋轉似刺槍；既引帶打摺疊勁，誘敵上當悔莫及。」

有人從後面來襲，一反身，撩起對手的手，連化帶按，奪走敵方兵器。別人奪回時就順勢送出去，一來一去都各一個勁，再一個校勁，一轉身有一個採，左手豎起拳，右手一個採勁下去。

## 海底針

詩云：「說什麼海底撈針；分明是聲東擊西，瞬間轉化敵擒拿，順勢額外送三靠。」

別人用兵器攻擊，手和腳往前跨一步，手引對方的手進來。左手引他右手的兵器或拳頭，不要阻擋不要撥，順著他進來上前一步靠近打下陰，也可迎門靠打門面，如被閃到後面可用背折靠，若還在前面沒進來，可用側身靠，進一步插襠。聲東擊西左手拿他右手，一個上步右手打三靠。

## 倒捲肱

詩云：「左右雙手更迭運，陰陽更換化兵刃；圈中有圈三連環，圈來圈去敵心慌。」

一個「周天勁」，身子起來後有守，收起往後打一個「肘勁」，左手插指左右對稱，從腳底後到前，再到腳底，從右手到左手是一個橫的圈，是上下左右都有打得很飽滿，人往後騰有「騰挪勁」，不應往上跳只能提腳。腳跟要踢到屁股，手過腰轉身往下要繞過膝蓋，小腿要踢到屁股，大圈小圈都在裡面。手、指都有，此招渾身是勁，一退一個圈，打人是用肘或指或掌皆可，注意手不能過頭頂。

## 閃通背

詩云：「閃通背法最神奇，兩手環繞背絲扣；猛然一轉臀背胯，轉身一靠視絕招。」

須先大捋，來一個勁，去一個勁，一個轉身好像有人拉你，你隨他去，後腿往前一靠步，左手往他的腋下穿過去，也可用拳打肋骨，用指插他腋窩，按進來看守轉身，一個45度一個靠，一個穿心肘，轉身後腿的勁要出來，用肘、用靠在每一招都可能用到的地方。

## 雲　手

詩云：「雙手運轉日與月，上護門面下護襠；運轉東來又復西，變化全在腰間起。」

左手右手互相的由左而右，由右而左，上下左右畫圓，下面保護陰部，上面保護臉部，左右轉先捋後擠，手由下襠往上轉到臉部，一個快速的「轉勁」，由中線到兩邊是「柔和勁」，雲手是手在身前轉動，上下左右繞圈，手正反（手面轉到手背）是陰陽。上保護門面下護襠。一起一落各一個勁，一上腰間發一個勁，一落也有一個勁，發勁全在於腰。手由襠起掤人家來勢，順著他往左往右，上下左右手掌翻轉代表日月，起是「掤勁」落爲「按勁」，內含採或「拿勁」。在拳術招式中很多地方都有雲手，有單手雲也有雙手雲，前往後雲、後往前雲，掤捋擠按都是雲，大圈帶纏絲。

## 高探馬

詩云：「高探馬如獅口開，雙手上下待機動；左腳若蜻蜓點水，踢得他人仰馬翻。」

雲手雲到右手邊時，一個提勁往前往左畫一個圈回來，再把右腳畫一個圈落下，上下各一個「提勁」，左右也各一個。此招用在接招非常好用，一手監看對方的手，管左右方向。

右手端他的肘，包括上下可踩、可拿、可發。腳可踢、可勾。

## 右擦腳

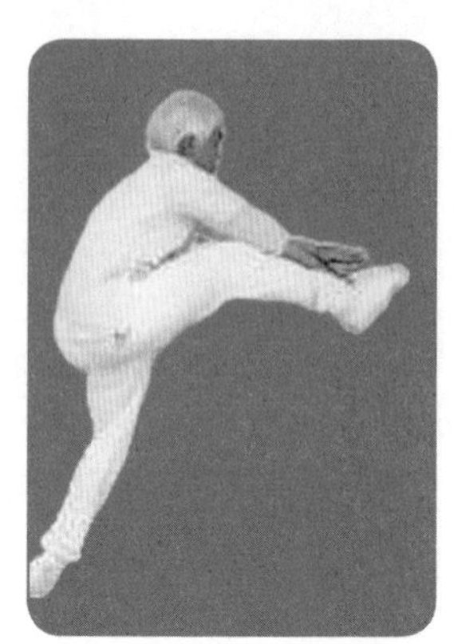

詩云：「肋下右腳凌空踢，右腳迎門頭頂蓋；上下夾攻人難敵，英雄豪傑惹不起。」

踢腳時馬步腳不縮回來，手、身下去向上拍擦腳時，腳不要先縮回來，直接手往下按，腳往上提，手往下腳往上，上下一個「合勁」直接打，腳先收回來再踢出去的打法，不易練到丹田腰勁，直接跨出去一步手往下拍，腳往上有利於練丹田勁。左右擦腳落地最好沒有聲音，從腳跟到腳尖一個「化勁」，把身上的重量化掉。

## 轉身蹬跟

詩云：「蓄勢待發膝微屈，雙拳出擊如開弓；左腳側踢敵下襠，蹬時命喪黃泉路。」

一個金雞獨立式把腳收回往下一落，一個雙峰灌耳，再雙手一開像拉弓似的，腳一蹬像箭一樣的，放箭射出去時，弦不能打到臉，左手比較長，右手是彎比較短，左手可用拳，右手可用肘，蹬跟是腳跟蹬出去，蹬出去時最好腳在腰以上，身子微微往下坐。

## 鋪地捶

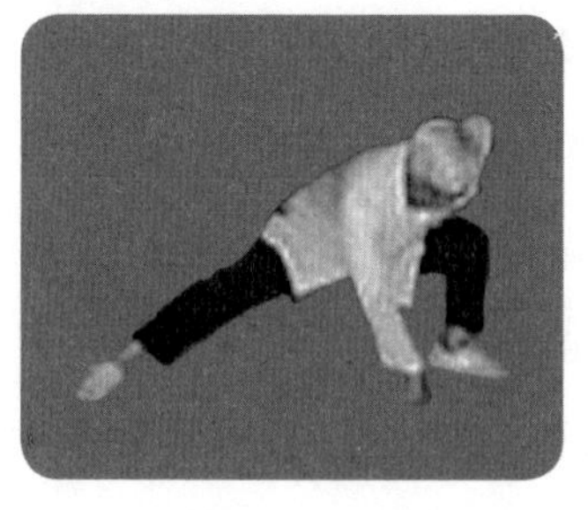

詩云：「身如老農田插秧，佯疏詐敗誘敵來；暗伏一腳回身踢，英雄豪傑幾人識。」

右腳一落地，左腳隨之而起，如翹翹板。右拳打在地上會痛，但若打得鬆打得沉，不但不痛還力道十足，拳落地和臀部一起落，若臀往上頭往下栽，這樣就打得不好，手落時，臀部和手一起落下，要打到力量大、聲音大、手不痛。鋪地捶是一起一個勁，一落一個勁，不能做到就是轉關蓄勁沒做好。

## 回頭望月

詩云：「回頭望月月何在，腰跨猛然一轉身；雙拳翻轉打門面，準叫他口鼻流血。」

敵人從後面從上往下用拳攻擊我，我反身上來一個掤捋，掤中有捋擠就是從和對手的接觸點擠開，即點著人家的鼻樑、眼睛，擠時接著就按，所以是頭部攻擊的招式，用拳是對頭攻擊，用掌是對臉攻擊，用指是打對手的眼、鼻，拳招打兩個圈。

## 二起腳

詩云：「兩腳連環平地起，全身躍起如拔蔥；左虛右實踢中堂，泰山壓頂又一掌。」

二起腳也叫提二氣，頭身往下落，腳往上提，手往下按，合在一起叫「合勁」。先跳起來再踢出去是不對的，手往下搭腳時，腳提起來，是提不是跳，腳後跟踢到臀部，所以不能跳起來，也就是頭不能往上。

練二起腳都是手轉一圈跳起來踢出去，用手去拍腳，北方講「二起腳」說「提二氣」，在打的時候，腳提起來到踢出去，人不往上跳，頭不往下，下腳也不自己往上提，上下爲合，手也是繞一圈拍出去。

謝功績有次幫人代課教拳，當時他年僅十七歲，人家看他年少就問他：「你行嗎？」謝功績說：「不曉得。」人家說：「你能不能接招？」謝功績說：「怎麼接？」人家就二枝割麥的大湯鐮，一隻朝頭一隻朝腳交叉穿過來，謝功績一個提氣，一縮腳提起二枝大湯鐮上下一過，他一個穿心掌就把人家打死了。謝功績第一次殺人就在十七歲，他手小指有一道被鐮刀割過的傷口，所以說二起腳的打法不能跳起來提很高再踢出去，人跳很高踢出去被接住，下襠就被撈了。

## 抱膝蹬跟

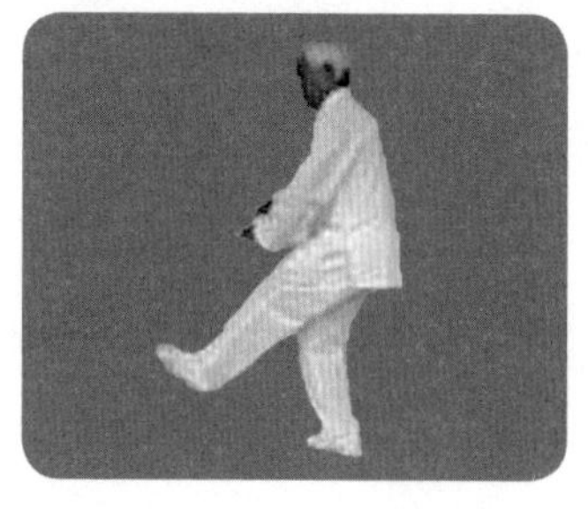

詩云：「雙手採列捩迎敵擊，拈粘纏繞不丟頂；抬起左腳當胸踹，敗中求勝是陰招。」

二起腳落下後，有一個往後坐一個捋，左腿蹬出去蹬跟到懷中抱月，有一個轉折勁，蹬跟一個落勁，像左腿盤一株小樹拔起，全身上下左右要全身纏出來，對手攻擊你的肚子時用，可以踹對手攻擊的手肘或腳膝，再踩對手的膝關節到小腿的部位。

## 懷中抱月

詩云：「轉身妙勢懷抱月，任他神臂背後抱；滑步轉腰猛抖身，強敵翻落塵土中。」

開出去時，渾身上下在左手的方向打一個橫肘的勁要發出去，起落不大，起落不大的海浪滑過去而已。謝功績曾在袁世凱的大公子身邊做保鏢，袁大公子身邊功夫好的很多，一次有一位耍紅纓槍的人問他用什麼兵器，他說：「我沒有兵器，我耍手。」那人就說：「你耍手啊！可以接我的五虎斷魂槍嗎？」謝功績就說：「那試試看。」那保鑣持槍一個正門攻擊，謝一抬手把槍捋過來，再一個「穿心肘」，當場就把那人打死。當時比武打死人是不犯法的。

## 踢腳蹬跟

詩云：「右腳抬起逆轉勢，雙手左右翻打去；先捲後舒突發勁，上下左右皆遭殃。」

雙手分開左右繞一圈，從腰際收回來，把腳踢出去，踢上去時繞圈腳不能放下來繞，看踢多高再繼續往上繞一圈踢出去，像別人要踹你的腳，你從上再繞一圈側踢過去，再繞圈收回。

## 鷂子翻身

詩云：「鷂子翻身身法奇，閃身變化在腰際；雙手翻轉右腳踢，左掤右捋破強敵。」

這是高難度的動作，左腳爲跟，落下來也要落在原來的位置，不要往前。一落馬上一個圈轉出來，打掩手捶不要落好後再起，一落馬上起，如石頭一落在池中，水花馬上濺起。

## 抱頭推山

詩云：「泰山壓頂撲面來，或以兵刃加諸頂；雙掌托肘往上推，當下立即解難危。」

跟六封四閉差不多，抱頭推山手高一點，往前按出去時一樣，但此時都沒什麼勁，推出去時發「圪顫勁」是比較快速，發在到點的那一剎那，不是起端到尾端，是爲「寸勁」，也就是摸不著不發，粘不上不發，採不著不發。

## 玉女穿梭

詩云：「平蹤二起向上躍，且轉且擊迅如風；其速猶如織女梭，右扣咽喉左打頭。」

左手壓在右手上，右手壓在敵上，右手一轉左手穿出去，但右手不能鬆，敵人才不能逃脫。此招主要練蹤勁，是練輕功用的，手指是插人咽喉的，不能亂用。

謝功績有次經過一座私人的武院，一位武術師父和他打招呼說：「小謝，楊虎（謝功績的師父）那小子最近如何？」謝功績就不太高興，心想喊我師父小子，那人看出來謝功績不悅，就說：「怎樣？聽了不高興是不是啊？那下來擱擱手啊！」謝功績說：「擱擱就擱擱啊！」謝功績一搭手一個「穿心肘」，就把那人打死了。那師父兩個徒弟在一旁看，不得了了找謝功績理論，謝功績說：「你們兩個也一起上。」一動手用「玉女穿梭」，把兩個人的喉嚨都打穿個洞，一下子打死三人。

## 跌　岔

詩云：「突然一坐落塵埃，右顧左盼猶自雄；前後彎弓爲射虎，周身發放忽靈動。」

「跌岔」是高級動作，打時貼到地。楊虎打跌岔時，一上來就是一個金雞獨立上去，都沒有「校勁」，沒有多繞一圈。有次王晉讓老師看我們打的不順眼，表演過一次給我看，他把窗戶關起來，一個雲手往下一落，分手提腿往下落時，一個千斤墜下去，「蹦」一聲，窗戶被震得咯咯響，然後一個「跌岔」下去，渾身一擰腰，雙手像麻繩一絞，刷！一下子一個金雞獨立上來非常漂亮。收雲手一個勁往上提像蓮花，提腿往下落一個勁，上金雞獨立一個擰勁，不上不下共三個勁。當自己低姿勢，對手從上攻擊時，就以此勢化掉，此時腿因蹲低用不上，靠丹田腰勁，「嘩」一下化掉對手的攻擊。

## 金雞獨立

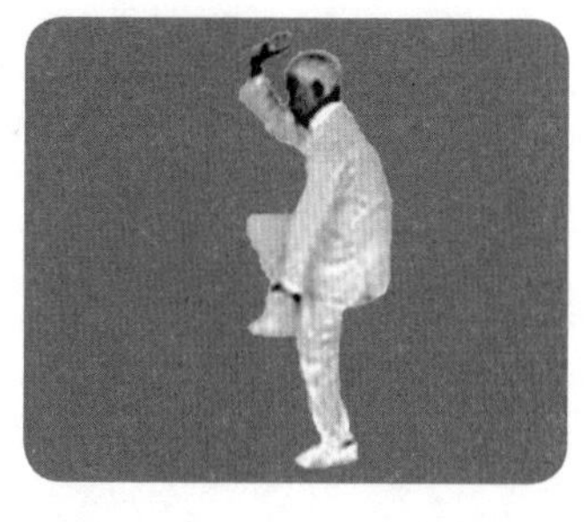

詩云：「金雞獨立狀悠閒，右掌擎天膝隨懸；掌托下顎上可解，膝頂下襠最難防。」

金雞獨立跌岔上去雙震腳，應左右各有五個勁，用法是上托人，下是採勁，人抓住你或掃腿過來，用手或腳來跺人家的腳，打此招要有勁，沒有勁只是比一個手法沒有意義。左邊一個纏，右邊一個纏，上面一個手頂下膝頂，臨場用時，手不要超過頭以上。

## 翻　花

詩云：「雙手才合又翻轉，丹田翻轉腳亦轉；雙手翻飛迅如矢，左右同攻擊來敵。」

翻花採中央別人要搬開時，順勢兩邊一個迎門捶，練時拳頭要落在膝上，用時會高一點，合手和翻花是一體的。

## 指襠捶

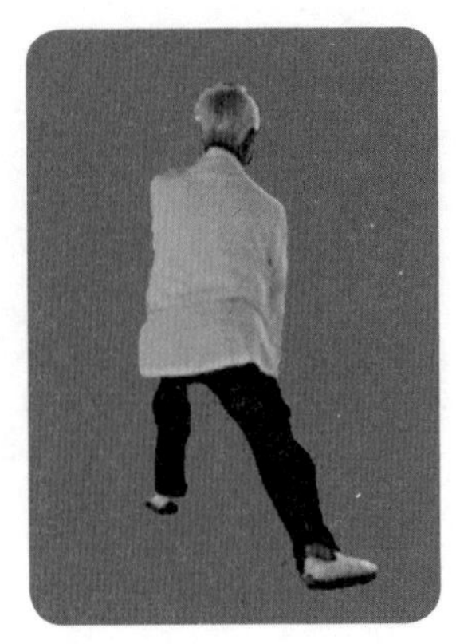

詩云：「突然轉身擊後敵，丹田逆轉手腳隨；右手一捶打下襠，順勢又是一擠勁。」

手、胯一起身子不動，擰一圈時發出去，勁發拳頭落平的地方。

## 懷中抱月

詩云：「全身忽靈左右轉，羅通掃北定江山；又打肩靠左打捋，猶如杯中滿月抱。」

從「上步七星」、「卸步跨虎」轉身到「懷中抱月」，勁從脊椎骨纏絲勁在背後上下。針對這個勁，王晉讓老師講了一個例子說：「有一名苦力，專門幫人上下卸貨，有四百斤力氣大。他們幾個看到陳應德在那邊教拳，就挑釁的對力量最大的苦力說：『你如果能過去從後面將陳應德抱起來，我們就請你吃一碗牛肉麵。』苦力說：『沒問題。』就悄悄的走過去假裝看練拳，突然一把將陳應德抱住，要抱起來時，陳應德的腰一個落勁，把苦力從後背摔出去，纏絲勁加抽絲勁對搓的勁道，連帶把苦力身上穿的粗麻布衣撕裂了。」

# 我們的老師

◎蕭正忠
中華武當趙堡太極拳總會暨南投縣協會前理事長

老師常說：「生活要簡單，需求可以少，抗體自然增加、本能會提升。如乞丐不會凍死，動物每天沒吃幾樣不會營養不良，原始人類都是生活需求很少，也能一代代繁衍下去。」

平常在生活中就在練拳。走路時經常舉胯轉腰閃物，以手取物時也可以經常轉肘繞臂，生活不離圓與太極。

打拳如針扎，氣從手指頭射出去。剛開始以手領身，再將身體的氣帶出去。

假如有人從後面開玩笑地驚嚇另一個人，表示這個人的敏感度弱了，往外的氣場沒了，透過推手可以練習聽勁，增進敏感度，練習沾、連、黏、隨，對方抽手我們要立刻貼過去。練拳可以增加你的磁場，練推手可以增加你的反應，對方想出手前你就知道了。練拳可以增加你的能量，能量強的人不可以亂想，亂想後，好的、壞的都成形了，會造成干擾。

拳打得越多反而會覺得涼。因爲外面的溫度高於體內時，你會覺得熱，而體內的溫度高於外面時，你會覺得涼。打拳時將體內的悶氣送出去，吸收外面涼的空氣進來，自然就覺得清爽了。

老一輩的人包括我的老師都說：「打拳後流汗，衣服不要常換，衣服裡有我們的汗，夾雜著我們的元氣，我們穿流汗的衣服，可以將元氣回收，要穿到它乾，這是有益健康的。」

比賽常得獎的人，獎狀只可以掛給別人看，好像有光環一樣。自己看久也膩了。把拳練好了，本身能健康才是最實際的。練拳跟畫畫一樣，等到練好了，有心得了，得到深入技巧了，就不管別人對你的看法了。批評你的人有可能是此方面的修爲比你低，因爲看不懂嘛！自己的追求，自己的興趣在這裡，就不在乎別人隨意的批評了。但你也可能得到內行人的指點批評。我老師說：「不要怕被別人推倒。被別人推倒了，才知道哪裡有問題，哪裡不足，可以去問別人，虛心問別人，對方會教你的。」

練拳如存錢一樣，練多少存多少。努力練習趙堡太極拳一段時間後，瘦的人會胖起來，胖的人會瘦下來。胖的人再多的脂肪，在高溫燃燒下也會消失，脂肪、肌肉的密度會增加。很胖的人很明顯會瘦很多，而較瘦的人不容易再瘦了，但是較瘦的人的體重會因骨頭密度增加而加重。也就是身體增加質，不增加量。

練拳如工廠製造物品一樣，起先要標準化，照規矩來，把基礎打好，品質好了，以後才好用。練拳的底子打好了，隨時可用出來防身。小孩子從出生就會打人了，會打人巴掌，這是純柔的太極拳，表示人先天就有防衛力。

如打噴嚏時，本能內力會自然跑出來，如小孩學走路，似倒不倒，自己會調整重心。練拳的量要多，多到超過負荷，人類的本能才顯現出來，這就是心知不如身知。

打拳時當你發勁加壓時，將氣壓縮穿透至骨頭內部，骨頭會越密越紮實。如打「雲手」時，右手向右上朝右下畫圓，這只是外形，眞正的打拳是要圈中套圈，又如「倒捲肱」，右手掌由右向上自中線再下壓的過程中，大臂小臂的外形動作是大圈，手肘是小圈。大圈是外形，小圈是加速，外圈是構成外部姿勢，內圈是引接勁力用。如手槍的子彈，以極小圈自轉加極快的速度才能穿透物品。

同樣的，練拳要有「勁道」，才能將氧氣及養份輸送至身體的筋骨內部，我們練的是準頭、速度、爆發力。任何武器缺少這幾項就不行了。練這個拳一樣要快、狠、準，要快、要準、要強，讓對方來不及反應才有用，若是慢慢的是沒有用的。所有的拳若是速度很慢的，是沒有大用的。練拳除了健體強身外，也要能防身。

拳是自己練出來的，別人對你只是思考引導，只能作爲參考而已，最重要還是要自己勤練。如同寫書法一樣，老師只是教導技巧而已，教何時用勁、何時轉、何時用力等。打拳可以慢不可斷，如寫書法時，筆畫斷氣不斷，寫行書時，氣斷意不斷。趙堡太極拳這套拳從頭到尾一氣呵成，有些拳是打一式停一式，如金剛搗碓，有些拳打到這地方就停了，若要接下一式要再從這裡再起來。我們這趙堡太極拳落點在此，起點就也在此。一個式落點在這邊，就在此處再往下一式起。但有些爲了往下一式，原定點會再往下再落再起，這裡的氣便洩了斷了。比如你手裡拿一樣燙的東西，不能丟掉，東西在手掌上，你會換來換去、變來變去，甚至換手惦來惦去。這就是哪裡落哪裡起，不假思索的變換。至於何時變換呢，只有你自己知道，自己琢磨。

一個拳或一個團體越多人會，當中的個人進步便越快。這是因爲大磁場改變小磁場的關係。較不會的人由於在團體中看較多會的人打拳，久而久之自然就上手了，因爲個人的頻率改變了。比如壞學生往明星學校送變好學生，好學生往壞學校送變壞了，這也是大磁場改變小磁場的作用。團體中更多人會了之後，會吸引更多人來學。小孩子

王晉讓老師與弟子們合影（右一蕭治傅，右二郭冬寶，中王晉讓老師，左二洪湘彬，左一蕭啓財）。

學搖呼啦圈很快就會了，大人反而學不會，因爲小孩子單純、直接、不想太多，就是一心要會而已，所以自然就會了。越小的小孩子學拳學得越快，只要有興趣，若是沒有興趣，強迫也無用啊！所以要提高人們的好奇心，這些人練了也會產生興趣，有了興趣便會深入研究。

一個練拳的人客氣地說他只練到皮毛而已，那已練到很深了。因爲對方謙虛表示已有滿深的功力。練拳到後來身體變得很敏感，皮膚、感覺很敏銳。例如小孩子騎腳踏車不小心快壓到躺著的狗時，狗馬上側身翻起，這是一個圈，從原來的姿勢翻身而起，不是蓄勁站起來再移身，而是就地一翻。所以閃、轉、騰、挪，對方一式打過來，我們閃過即出招回擊，即只要一閃過立即轉勢而出。

南方拳的泰國拳也是一種太極拳，皆屬於水門拳。泰國有一部電影叫「拳霸」，裡面的主角每一個出招的動作都帶圓帶圈。本來各方的拳術，如北方、東方、南方、西方、中央，對應的拳是火、木、水、金、土。如木型拳，直來直往。

古時後朝庭的武將到當地落腳，便把這些武術教給當地的和尚或道士，後來這些和尚和道士再把這些武術教出來。亦即山下傳到山上，再由山上傳到山下而已。中國的文化大多是由民間研究後貢獻給朝庭，再由朝庭發揚至其他人民處，朝庭彙整而已，對於研究發明的人給予官職或俸祿獎賞。即使朝庭改朝換代，這些文化或是前朝想復國的兵法、陣法都是藏於民間的。如廟會有許多民間文化，八家將就是遺留的兵法之一。

近代西洋文化傳入東方，年輕人都喜歡排輪、街舞等，不喜歡太極拳。只有中年以上的人，身體較差才懂得來練拳健身。如果全民都來練這個古傳的趙堡太極拳，平常很有活動力，筋骨強了，醫院就沒生意了。

中華民國武當趙堡太極拳總會會長蕭治傳致詞。

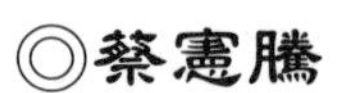

中華武當趙堡太極拳總會現任會長

蕭治傅老師不只是引領我們進入武當趙堡太極拳世界的老師，更是推廣武術運動的領頭羊。

他除了在台灣用自己的熱情，全國由北到南巡迴教學外，更到中國大陸黑龍江駐點教學過，有一次在中國武術體育學校籌備時，還第一個跳出來捐錢。而在這個全球暖化氣候異常的時代，老師從一九八九年至今已經吃全素整整二十八個年頭以上了，爲響應吃素環保救地球，還常對學生說，他在菜市場買要被現宰的魚放生的事。要學生感受動物皆有靈性，傳揚吃素積德的概念。

這就是我認識的蕭治傅老師，用開放的心胸在道德的基礎上接受新的契機來領導我們。

「每天要練二十遍，一趟下去就是五遍。」這是老師常常叮嚀我們的話，目的就是要我們勤加練習，「拳打萬遍，神理自現。」「百煉成鋼。」這些話一直在耳邊盤旋，可我就是做不到。有時候老師會問我現在一天打幾遍，我都當作沒聽到。有時上課老師會問我說，最近肚子怎會那麼大？我都無言以對。

「王公晉讓以前除了跟師兄弟練的不算，自己一天練三十遍。」聽到這話我都覺得愧對我們老師的教誨！老師時時刻刻皆在提醒督促我們要多練，用心良苦。

剛開始學「和氏架」的時候，常聽說有一位簡春元師兄練得很勤，也因爲勤練，所以原來八十幾公斤的體重降到六十幾公斤，足足瘦了二十公斤，而且勁也很強。簡師兄的練拳精神可當我們的模範，內心由衷佩服！

隔了幾年南投集集有辦活動，剛好老師在跟我講話，這時簡春元師兄碎步跑過來和老師鞠躬，並不好意思地說：「老師，對不起！我現在一天只練二十遍而已。」在一旁的我聽到猶如晴天霹靂！自覺用功程度遠遠不及簡師兄。

果然老師藉機訓我了:「你要跟他練的一樣多!」還好我反應快，馬上轉頭對著簡師兄說：「你以後練少一點，就跟我一樣多了。」

上課一段期間以後，老師跟我說：「我負責教拳，你負責買檳榔。」也不知道何時開始，老師迷上檳榔，上課前我會載著老師去買包幼齒檳榔外加一瓶飲料。

有時會勸老師不要吃檳榔，吃檳榔不符合大師形象，然而老師卻義正詞嚴的對我解釋他之所以吃檳榔的原因：

一、他的腳疼痛無力，試過很多藥都無效，只有檳榔可以減緩疼痛。

二、本草綱目有記載，檳榔是一種藥材，藥性溫和，利尿殺菌、化痰解鬱、去瘴氣、通血路。

三、你看原住民檳榔吃得多，個個身強體壯有活力。

上課我必須到車站載老師，有一次十字路口等紅燈時，老師開口說：「車子 CC 數越高越沒聲音，轉速越快馬力越強，太極勁是靠速度的，速度越快勁就越強。」

太極生活化，老師常常以生活中的瑣事來比喻太極道理，讓我們一聽即懂。但懂了不一定會，會了也不一定應物自然。

我心血來潮順口請教老師：「圪顫勁怎麼練？」老師跟我說了一種訣竅：「你打開冰箱站在冷凍庫前就知道了！」

因爲我家的冰箱冷凍庫比我高，打開冰箱只能面對冷藏庫，所以至今都沒練成「圪顫勁」。

老師極好「忽雷架」，每天練拳二十遍，練就一身忽靈勁，據說老師晚上從王公家練完拳出來，狗看到他都退避三舍，還會吹狗螺，可見老師渾身正氣凜然。

「忽雷架」也幫老師度過了經濟拮据的時期，當時老師背負高利率房貸，又要擔起全家經濟來源，每天除了白天正職外，還要兼職三種工作，白天下班要教拳，在工作與工作之間藉由打拳提升精神。

老師一天只睡三個小時，這樣的生活持續五年，因爲練「忽雷架」幫他補氣，而得以度過經濟困難期，所以老師每當提起這段往事，總是對「忽雷架」倍加推崇。

老師爲了不想同時身兼數職，因而受聘至大陸當任廠長一職多年，在這期間跟王海洲大師交流「趙堡太極拳和氏架」，歸國時演練給王公鑑定修整。「和氏架」與「忽雷架」同爲趙堡太極拳之流派，大開大展，柔筋拔骨。老師爲了讓學生較快領悟「忽雷架」的精髓，徵得王公允許，遂將「和氏架」當作研習「忽雷架」的頭號架子。

「趙堡太極拳忽雷架」發源於河南省的溫縣趙堡鎮，世代相傳，有「趙堡不出村」的規範，「趙堡忽雷架」身形似彈簧又如圪顫，講求全身一致，發勁時丹田配合外形纏絲走圈，圈中有圈，聲似春雷乍響一閃即逝，勁如雷霆萬鈞閃電迅速。

有了「和氏架」的基礎，更能認識「忽雷架」。「趙堡太極拳忽雷架」也稱小圈、小架，又稱「活步方圓架」，內圓外方，閃展騰挪，忽高忽低，忽快忽慢。依其程度進階爲彈抖勁、忽靈勁（忽雷勁）、圪顫勁。彈抖勁鬆活彈抖，忽雷取其音，忽靈取其功能，圪顫取其形，其義相同特色各異。

我們的老師自幼即有一腳踝受傷變形，至今不癒，腳對於練武者是極其重要的。腳關係著下盤的穩定度，與發勁的流暢度。

老師克服了本身的障礙，勤練不輟，不但身法靈活，腳力也特強，深受王公的垂愛，並賜字「習之」，意爲得到王公的武藝精髓，是一位值得學習的對象。

從此身負重任，老師爲了推廣拳藝，南北奔波，周五晚上從高雄搭夜班平快車上台北，在火車上睡覺，週六凌晨走路到台北中正紀念堂六點教課，下午至員林上課，晚上到台中授課，隔天週日又到南投駐點，連續三天 ( 日、一、二 ) 後再回高雄教學。如此日復一日，十年不間斷，推廣精神實在少見，足以令人點頭讚嘆！

我們的老師是位從武之人，老師秉持「嚴而教之，勵而行之，樂而習之」的精神。他常說他是搞品管的所以治學嚴謹，每當我們對拳架或拳理有不明白之處，他老人家一定知無不言、言無不盡，比喻生活瑣事似拳理，恰如其分，聽了會對「忽雷架」有「仰之則彌高，俯之則彌深」之態勢，讓人越聽越愛練，愛不釋手。

我們的老師言談幽默風趣，課堂之上常笑聲不斷，同學們在練拳後的疲累瞬間消失於無形，眞的進入「只會累但不會疲勞，只會沒力但有精神」的境界。其實精神抖擻是鍛鍊「趙堡架」的效果。

中國武術博大精深，「趙堡太極拳忽雷架」是武術界的瑰寶，我們有幸學得此拳架，自當珍惜，認眞習練將之發揚光大，才不會愧對老師的諄諄教誨。

有一天老師跟我說：「他越老越懂忽雷架」。

同學們，您懂了嗎？

◎洪鵬程 

以下是我在不同階段聽蕭治傅老師說的：「趙堡太極拳是最古老傳統的拳種，源自武當道家流傳至今，有趙堡太極拳術、器械（刀、劍、棍）、推手，動作古樸，對健身、養生、防身、技擊等，皆能有很好的發揮。」

雖然年少時也練過其他拳術，都要用力出拳，爲什麼蕭治傅老師教的太極拳不必用力，讓我滿懷疑惑，經老師指導學習慢慢體會到其內涵，也被其奧妙給吸引，在老師口傳親授時，深記腦海中。他對拳架的要求在當時是相當嚴格的，每一個動作都要求到位滿意爲止，在不同階段有不同程度的要求。

初學者要像寫書法一樣，一筆一畫工工整整，每招每式都要到位，大開大展、大起大落架子要低，所謂極開展才能極鬆柔，極鬆柔才能剛強。這過程是辛苦的，練到哪痛到哪，沒有恆心毅力是無法持久練出功力的。

外方內圓由外而內，就是指先從外形的開展工整大起大落中，由點線面到走圈畫圓，再由內而外，也就是練到鬆柔、肌肉、韌帶、關節都鬆開，尤其是腰胯，節節貫穿由丹田腰胯轉圈發勁，傳到指尖，由開展練出腿力、肌耐力，下盤才會穩不搖晃，才能達到鬆柔，「鬆開各關節」。才能達到起落開合、沉肩墜肘、鬆腰落胯、手到腳到。手起身落，腰要鬆不能軟，胯要落，每一招一式都是如此，都是從拳架中來練下功夫，手、眼、身、步、法，動作如行雲流水，舉步輕靈、身似遊龍、心似箭，前面無人當有人（練拳時），與人交手前面有人當無人，招招到位該有的要有，不能省，每一個環節都很重要。

發勁是練習趙堡太極拳的目標，在腿力、肌力、各節及腰胯都鬆柔後，才能由丹田轉圈而發出勁力，每一招式都是由下丹田帶動（由內而外），由丹田發出瞬間的爆發力，傳到身體各部位再到指尖，用的是內力而非外力，那抖動不同於外力爲之。發於腿、形於手、主宰於腰，腳腿是借地之力，使身穩而鬆，是腰在控制，由腰傳遞到脊椎，到身體各關節部位達指尖。手形、身形的形成動作招式，節節貫穿、一開一合、一收一放都須整勁。哪裡不鬆哪裡受阻，肩是不易鬆的關節，必須除去拙力，才能發出內勁。

要能用丹田勁才省力，用外力扭出的勁生硬費力，速度不快不靈敏，能鬆柔發出的勁快又強，內要有圈有圓，圈中加圈、圈中套圓，是爲螺旋纏絲勁。順纏逆纏都必須在外形、呼吸、起落、開合、鬆腰、落胯、各條件的配合下將勁發出，蓄勁如抽絲，發勁如放箭。如壓縮後爆開，如壓縮彈簧後彈開，要有迴盪的力。

發出是離心力、迴盪是有向心力，達到如平（秤）準，中正安舒，不致身形動搖歪斜。有如賓士車發動震動力不大，油一加馬力強大，國產車發動震動力大，猛踩油門馬力也不大，用來比喻內勁的功力強弱，外形的形態勁的強弱摸了才知道，頻率高動作小速率大，頻率低動作大速率小。火候要夠才能把水煮開，練習要夠才能練出功力，有時問他問題只回一句「再練」，不懂練一段時間後再問，做給他看就說：「就是這樣。」沒有用心用時間去練是做不到的，看得懂、聽得懂沒有用，要練明白練得夠，動作招式及勁道自然能展現出來。

國旗在強風吹拂下，旗尾的震動小，頻率高（勁道強），風速弱國旗震動幅度大，頻率低（勁道弱）。勁的強弱是圈數的多少，頻率的高低不是力的大小。行氣如九曲珠，圈中套圈節節貫穿，源源不絕。總是要有圈，外形有外形圈，內在有內在的圈，處處走圈畫圓，無處不是圓。

丹田有下丹田、中丹田、上丹田，初學者由下丹田（腰胯）練起，上升至胸肩，由中丹田發勁，越練越純熟越鬆柔，再提升至上丹田（眉宇之間），是用意念發勁。都必須內外一致的配合，先由腰胯開始練出勁，提升到中丹田時也是全身腰胯往上提（肩胸）的發勁，這是用「心」發勁，是一種想法，想發勁就發勁，其速度比下丹田快。提升到上丹田用「意念」發勁，層次越高速度越快，連想都不用想，發出就發出了，再想就慢了，是自然反應反射動作，就接觸瞬間的感覺。勁的功夫要隨傳隨到，不能有時有有時沒有，無法發出。練拳架要能招招發勁，與人搭手要能處處發勁。

由外形到開展、鬆柔，在練出勁後，再練推手。沒有拳架基本功，無法應用到推手，拳架的招式中有太極十三式及虛實轉換的基本動作，練懂了推手就能明了掌握，所有東西都在拳架裡。能紮實一口氣練三十遍，就不易被對方推倒。

由單推手再雙推手，練熟了再練活步推手。能聽勁才能懂勁，要能走化，能化就能發。不懂十三式、虛實轉換、鬆柔不夠，就不能走化，這是拳架腰腿問題，不靈敏、心神不定、身心不協調。拳經云：「其病必在腰腿間求之。這是拳架上的訓練不足，明白虛實太極十三式（掤、捋、擠、按、採、挒、肘、靠、進、退、顧、盼、定），聽勁懂勁到推手，再應用到招式，基本功沒練好，很難理解其道理，套句王師祖的話：「（所有東西都在拳架裡）拳練好，自然明白道理、拳理、拳論。」

散打、散手是另一種訓練，須鍛鍊拳架強化筋骨、肌肉各關節，否則容易受傷。在做擒拿、摔跌、肘靠等動作時，反應才會靈敏，否則不堪一擊容易受傷。散手是推手的進階，沒有推手的沾、連、黏、隨聽勁的功夫，那散手是毫無章法的，如同街頭打架而已，不在功夫的層面了。

入門引路須口授，功夫無息法自修，每一招一式的動作，老師必一一指導，練習必到位，有些動作是從他口中講出來的，他說：「要聽我講，不要看我做。」無論拳架、推手、散打、用法都必須合乎拳理。前輩留下來的拳架套路非常珍貴，有人要老師改，老師堅持不改。王師祖曾說：「拳可以改精不可改簡。」追隨老師的教法，維持傳統不能自立門派，以原拳架爲主不自立門戶。習武之人應以尊師重道、修養武德、修身養性、止戈爲武、鍛鍊身體爲練拳基本精神。

推想用意終何在，除了延年益壽不老春之外，練拳還有勁、用、美。「勁」就是內勁，是氣的養蓄斂聚而成，是意志力與恆心耐力磨練堆積而成的。「用」是用法，拳的技藝鍛鍊，也就是在「用」上。而太極拳的內勁也是用在某個目標，而用法有推手、散手太極八法（掤、捋、擠、按、採、挒、肘、靠），是特有的用法。由沾、連、黏、隨皮膚神經觸感的敏銳，氣的沉斂成內勁，藉由熟練聽勁懂勁而及於神智清明。散手是實戰的搏擊，是推手的上階。「美」是藝術的呈現，太極之美涵蓋肢體之美，內勁的剛柔之美，氣的流動的鼓盪之美，是內外兼具之美，不是虛有其表的外形之美，既有欣賞的價值，也有實用之內涵。

來者不拒、去者不留、有教無類，肯學肯下功夫的，糾正再糾正，無心學習者三緘其口不願多談，學到哪練到哪教到哪，「百說不如一練」。與王師祖交過手者，才能體會到太極拳其軟如棉、硬如剛、忽隱忽現、粘如鰾、滑如魚、無從擋、無處躲、沒得防。

哪兒挨到就在哪兒發勁，全身皆能發勁的特色，在忽雷架的表現上能展現出。由接手時皮膚的肌肉，肢體的反射動作，由意念契機的發動下，聽勁靈敏自然的反射作用，將身上的功力如閃電般爆發於觸點，將對方輕巧的彈出，不是用哪一招迎敵，太極拳勁練成了，自然不去管招式。這豈非矛盾，既然迎敵不用招式，何必練習拳架招式呢？須知拳架招式是練全身每一部位使能發勁，由拳架招式練身上每一部位，使氣內勁能達到身上每一個細胞，每一局部纏繞，應敵發勁自然全身能出，練到骨子裡內勁彈人無形影，從拳架練到功夫化無形。

此拳講究「筋骨要鬆、皮毛要攻、丹田要轉。」丹田是小我，小我帶大我、我在外面打、他在裡面打、若打不到、根深柢固，嘗不到安穩柔韌的境味，只有動盪剛猛的勁味。

教拳練拳以拳經、拳論爲本，拳經、拳論已至爲精闢，練到哪明白到哪，看懂聽懂沒有用，要練明白。每一式的角度高度要自然不是死拳，要循著要領方法不能一成不變，但也不能離開偏離規矩，在規矩內才能活用。

跟老師學拳沒有任何兩人是一樣的，而一種架子學習者眾多，每個人各有習慣、心得和著重的方式，表現方法以及功夫深淺，只要合乎太極拳的原則要領方法，動作上應不會差太多，按照拳經、拳論練習都應有老師的影子，但有些人學了很多其他拳架，再學趙堡就帶有原先的拳味及自己的想法與習慣。深淺不同如不能入門更不懂勁，看外形不知哪裡不同、哪裡不對，即妄論一番，實爲不妥。

王師祖曾說：「傳的人越多，流失的也越多，如果認爲學的東西多，功夫就會變好或會提升，那就看個人智慧了，下多少功夫得多少眞傳。」

太極拳是「捨己從人」的功夫，太極即生活、生活即太極。食衣住行爲人處事，皆離不開太極，無處不是太極，中庸之道耶。趙堡太極拳，能在台灣繼續傳承、發揚，是一大福音，能學到此武藝更感欣慰，期望老師的精神武藝永遠流傳。

◎廖崇堯
彰化縣武當太極拳協會前理事長

和授業恩師蕭治傳老師，學太極拳的因緣是經由打坐的同修介紹。當時因身體虛弱，學拳期間怕跟錯老師，還特別邀請我有學天眼通的大哥，去現場偷看這位老師打拳，後來我大哥跟我說：這位老師是有功力的，他告訴我一輩子跟著他學就行了。因爲這句話，我對老師的指導一定聽話照做，也開始了十幾年用心學拳的生涯。老師說聽我的話練，不要看我的樣子學，太極拳的精髓都在拳架裡面。初學者都從和式架開始練，這套拳我練了四年多，曾問過老師，其他師兄都學完了忽雷架，我還在練這個，這樣對嗎？他說把基礎架練好很重要。老師教拳很嚴格，也很堅持，他特別要求拳架要工整，打拳不可以亂晃，虛實轉換一定要落胯，行氣柔，落點剛，內不動，外不發，圈中套圈，節節貫穿，意念由下丹練到中丹，再提到上丹田。老師說放鬆不是放軟，唯有把意念放在上丹田，才能指揮全身，整合發勁，以意行氣，以氣催身，蓄勁如拉弓，發勁像放箭。老師曾說學打坐可以幫助學好太極拳，因爲打坐把意念放在上丹田，比較容易專注。老師說會打拳，還要會教拳，把別人教會才眞的會。

這十幾年蕭老師教我打拳、練勁，到教拳，他說王師祖交代他一輩子要教會一個才行。一開始他覺得很容易，後來他說要教會一個眞的很難，現在我也能體會他的心情。練拳學拳一定要兩情相悅，一個願學，一個願教，時代背景都不一樣了，很少人願意下功夫去練，傳承眞的很難。有句俗話說：「麻袋換布袋，一代不如一代。」遠的不說，從王師祖教蕭老師，到我們現在學拳，質量眞的不復往昔。

大概在十年前，蕭老師有一次來員林教拳，向我提到因受西班牙學生邀請去教拳，籌不出經費而煩惱，當下我想了想跟蕭老師提到，不如你來員林住下，我幫你找學生，學拳籌措經費，老師當場答應，也開始了半年的家教式的教學，當時都是早上六點去公園練拳，從五趟和式架開始，到一口氣打二十趟，晚上七點去學校練拳，十趟忽雷架，那段時間可說是十幾年的練拳生涯中，最用心最認眞打拳的時候，老師說要練到輕靈才行，外力不盡，內力不出。他說你練到沒力氣的時候，就會用內力在打拳。也因爲這樣，有一天早上去練拳，我突然跟蕭老師說你教的落胯，我懂了我做給你看，他說對就是這樣，從那時候開始就好像開悟一樣，知道內圈是怎麼一回事，打拳的時候虛實轉換就要落胯，老師說：「虛實轉換就像蹺蹺板一樣，起落同時完成。」這段期間經由蕭老師的精心調教，學拳大有精進。蕭老師也順利的籌到出國旅費。但可惜去到西班牙教拳，因語言不通，很快就回來。和蕭老師學拳十幾年，看到老師對傳承的堅持，每次從高雄到台北再來員林這麼辛苦，他十幾年都是這樣子來回奔波。跟他除了學拳，也學他的爲人處事，從不計較教拳更不會藏私，他說抓著手教都學不會，不用怕別人偷學。

◎林能宗

經由一位菩薩的介紹，認識了蕭治傳老師，得知他拳藝殊勝，別於一般的太極拳，之後經他同意到台北來授課，當下喜出望外，想不到盛行於南部港都的拳藝，能藉此因緣在北部生根，在國內流傳，讓我得一窺太極拳的奧秘。

老師致力推廣這套拳術，不辭辛勞、由高雄搭夜車到台北教早上六點鐘的課，他曾對我說：換個立場、如果你是我的話，你不一定願意搭夜車，一大早趕來這裡上課。實有同感、只有再三感激由衷感謝。

和老師學拳沒有壓力，因他教學認眞、態度謙和，讓學員在輕鬆中學習，基本架學完後，不厭其煩的糾正每個細節，直到滿意爲止。有時藉著總會舉辦年度旅遊，到了晚上齊聚一堂，品茶言歡、夜話太極、其樂無窮。與老師相處十幾年，深受教誨感激萬分，期望大家一起努力推展，使之永續傳承並發揚光大。

# 後　記

僅將筆者平日受教於蕭治傳老師的精要整理出來。

尾履中正不能因要發勁而抖動腰身脊髓，因爲腰不夠強壯而勁夠強時，來不及化掉就會傷到腰，所以外在的筋骨皮要練要揉，如同麵皮揉得越Q做成什麼都好吃，因爲筋骨皮的僵硬會阻礙氣的運行，筋骨皮練強爆發勁才會出來。氣一直都在（沒氣人就不能生存），人人都有，關鍵是我們能不能把它帶出來。又集中在意識指揮的所在。練習是讓氣增強，如果只練氣，氣練得很強，可是筋骨皮的強度無法承受時，反而會導致中風（微血管無法承受強度震動的壓力時就破裂）。韌帶猶如氣球，一直裝著水（充血）就鬆弛了，沒了彈性。外練筋骨皮就是增加柔軟度、韌度和彈性，所以功夫是練出來的，筋骨皮練好，氣自然順暢容易使喚，只學不練，二十年還是一樣沒進展。

往前躍叫縱，要輕、要遠；往下落墜如金剛，要沉穩。一落一起身體不要扭動，一步一蓮花（腳跟在地面轉動時形成的），手腳身同時帶動，鬆透、鬆透只有能發勁鬆透，否則只是放慢放柔是鬆沒有透，能抖起來的人，才知道什麼叫鬆透，抖不起來的人無法體會，透的感覺更無法知道是哪裡透，即使告訴你，你自己沒有嘗到，怎會知道那味道呢？食譜背得再熟終究只能想像，而想像有多好吃終究不如實際品嚐，只有眞正品嚐冷暖自知，你說是嗎？

那即化即發的勁有如池裡飄來一片落葉，所激起濺開的漣漪，一波又一波連綿不斷，有如敲擊鋼管，鋼管中傳來的聲波持續震動，有如揮動彩帶出現的聲音與連綿不斷的波紋，這勁越強撞擊越綿密，越多越柔細。這些形容詞都只是用來形容什麼是勁。沒有勁怎麼懂得拳經中的貫穿，拳經不只是用來讀，而是要達到拳經所講的境界。

翻花、翻花，翻出來後花在哪裡啊？那是因爲震動力互相撞擊產生的迴響，有如花瓣、浪花層層疊疊。意要提叫抽絲，拳套中只有翻花是向兩邊開展。

王羲之用了三缸水寫字，他母親一看就只有一個點像父親寫的，而那一點果然就是父親教他時寫下的。王羲之的父親寫的字每一筆一畫一點不管落在哪裡，都是一模一樣，絕不會這一筆跟那一筆不同，這一點永遠就是這個樣，太太一眼就認得，工整就是要這樣。

有沒有勁就像行書與草書之間的差別，行書是意到形到、形盡意盡，而草書是意到形到、形盡意未盡。行書是一筆就是一筆，一就是一，二就是二。而草書一筆已非一筆，一二已合而爲一。

所以要先懂得什麼是正確的，讓意識帶著練，意識會自己修正身體的動作，直到有天突然就練出來了，就像正楷寫慣了、久了，草書自然就出來了。行書介於楷書與草書之間，有如意未走完。中國小說家列爲一家是有道理的，因小說家、漫畫家先想到把它寫出來、畫出來後，啓發了科學家去研究一些事物。

由大圈圈化爲小圈圈，再化爲更細的圈圈然後在瞬間爆發出來，那才叫做拳打一條線。那勁的微細猶如上等車的引擎已經發動，但你看不出來，非得用手去接觸否則感覺不到。那功夫非得一天三五拾套一百套的練，否則光想是練不出來的，我跟我的老師搭手，那力量經過手就進來了，他一個落臉頰的波浪就出來了，一發從頭到手到腳即出，速度非常之快，他是用意點火不用發勁，到今天我還是練不出來。

以前是老師講我聽不懂，經過練習過了幾個門檻，現在慢慢練出一點味道來了，可是想跟老師求證，老師已經不在了。

武術要贏對方，不外乎速度快加上爆發力強，連化帶發（一來一去）縮短距離（時間），才能加快速度。

打這套拳不要怕累，因爲他會按摩五臟六腑，越打精神越好，越不會疲勞，精神不好時打個幾套，精神就來了，因爲會將代謝後的廢棄物質從體內帶出，如此就能好吃、好睡，老化得比較慢。要打到全身每個地方都排汗，氣就通了。只要還有一兩個地方不排汗，氣就還沒全通。全身網絡血管微血管都補起來，汗出來氣就通了。我們吃的食物的養分吸收不了那麼多，食物吃進後化爲血水，血水再化成氣，這個氣叫陰氣。外面進來的氣叫陽氣，經過我們打拳時的轉化後燃燒，產生更微細的，經過肺細胞分離後出來的氣。我們需要的是氣和氧而不是食物，這個氣才能進到內臟，沒有別的管道可以進到內臟，胃是儲藏能量的地方，拳要打到喜歡吃、喜歡睡，再打到不想吃、不想睡。「氣滿不思食」、「精滿不思淫」、「神滿不思眠」。我們一般人吃很多但進不到內臟，內臟需要就一直想吃，飽了還是想吃。因爲只養肉身不養精氣神，所以這套拳剛開始打，會這邊痛、那邊痛，那是氣要通過卻受到阻礙的關係。投資在這套拳上，不管是時間或金錢，絕對不會讓你失望，把體內那些廢棄物質排出來，皮膚自然就細緻，就美麗了。

我在中鋼教了二十二年，他們每年都要健康檢查。血壓高的、糖尿病的先退休，因爲擔心身體不好工作危險，容易造成意外死亡，所以很多人都來練這套拳，高血壓很快很明顯下降，因爲氣一通就沒有血壓的問題了。腰酸背痛起不來的，練了這套拳好很快所以就很勤練，每天早上十遍、二十遍打完再去工作，精神反而特別好。就像燒熱水一樣，燒個一分鐘就關掉，氣起不來，一定要燒到開才有氣，打拳也一樣啊！時間不夠長，身體熱氣不足，裡面的氣便不來。

即使停停又打斷斷續續，幾年後也會累積一些功力。有時因工作太忙休息一年半載沒碰拳，再去打時才發現，已經拉開的筋仍是拉開的，練成的功力已經存在不會被偷走，雖然套路拳架可能全忘了，只要再跟著練習幾遍就能找回來。能遇上這套拳又有名師指導太幸福啦！雖然當初老師講什麼都聽不懂，也做不來，但卻都聽進去了，儲存在記憶體裡，有天就會恍然大悟原來如此，看似沒學到什麼，卻又吸收了很多一手資料，這是何其重要啊！

要特別感謝一開始的編輯與提供這本書的所有相關資料者，也要感謝出版社莊編輯的勇氣，挑戰編輯這套拳，更要感謝康原老師的引介與推薦序。最後更要感謝的是曾振彬先生，不厭其煩認真的校對、與出版社無數次的往來更正、提供資料、邀序 ...... 等。

國家圖書館出版品預行編目資料

趙堡太極拳勁：忽雷架76式的解說與練法 / 蕭治傳◎著 -- 初版 . -- 臺中市 : 晨星 , 2019.9　面；　公分 . --

( 健康與運動 ; 32 )

ISBN 978-986-443-904-1 ( 平裝 )

1. 太極拳

528.972　　108010683

健康與運動 32

# 趙堡太極拳勁

## 一 忽雷架76式的解說與練法

線上填寫回函

**作者** 蕭治傳
**主編** 莊雅琦
**編輯** 張碧霞、曾振彬
**編排** 楊如萍
**校對** 曾振彬、張碧霞、楊如萍
**封面設計** 王大可

**創辦人** 陳銘民
**發行所** 晨星出版有限公司
台中市 407 工業區 30 路 1 號
TEL:（04）23595820　FAX:（04）23550581
E-mail:health119@morningstar.com.tw
http://www.morningstar.com.tw
行政院新聞局局版台業字第 2500 號
**法律顧問** 陳思成律師
**初版** 西元 2019 年 09 月 01 日

**總經銷** 知己圖書股份有限公司
106 台北市大安區辛亥路一段 30 號 9 樓
TEL:（02）23672044 / 23672047　FAX:（02）23635741
407 台中市工業區 30 路 1 號 1 樓
TEL:（04）23595819　FAX:（04）23595493
E-mail:service@morningstar.com.tw
網路書店 http://www.morningstar.com.tw
**郵政劃撥** 22326758（晨星出版有限公司）
**讀者服務專線** 04-23595819#230

**印刷** 上好印刷股份有限公司

**定價** 350 **元**

ISBN 978-986-443-904-1